四川薯类创新团队科技助力精准扶贫的实践（2015—2020）

潘海平　沈学善　黄　钢　主编

中国农业科学技术出版社

图书在版编目（CIP）数据

四川薯类创新团队科技助力精准扶贫的实践：2015-2020 / 潘海平，沈学善，黄钢主编. — 北京：中国农业科学技术出版社，2020.10
ISBN 978-7-5116-5063-4

Ⅰ. ①四… Ⅱ. ①潘… ②沈… ③黄… Ⅲ. ①薯类作物—作物经济—产业发展—研究—四川—2015-2020 ②扶贫—研究—四川—2015-2020
Ⅳ. ①F326.11②F127.71

中国版本图书馆CIP数据核字（2020）第191448号

责任编辑　周丽丽
责任校对　马广洋

出 版 者　中国农业科学技术出版社
　　　　　北京市中关村南大街 12 号　邮编：100081
电　　话　（010）82105169（编辑室）（010）82109702（发行部）
　　　　　（010）82109709（读者服务部）
传　　真　（010）82106626
网　　址　http://www.castp.cn
发　　行　各地新华书店
印 刷 者　北京建宏印刷有限公司
开　　本　787 mm × 1 092 mm　1 /16
印　　张　9
字　　数　150 千字
版　　次　2020 年 10 月第 1 版　2020 年 10 月第 1 次印刷
定　　价　88.00 元

《四川薯类创新团队科技助力精准扶贫的实践（2015—2020）》

编委会

主　编　潘海平　　沈学善　　黄　钢

副主编（姓氏笔画为序）：

丁　凡　　王西瑶　　冯　焱　　李佩华　　周全卢

郑顺林　　屈会娟　　赵思毅　　徐成勇

编　委（姓氏笔画为序）：

王晓黎　　任丹华　　刘小谭　　刘丽芳　　刘波微

刘莉莎　　李华鹏　　李洪浩　　余丽萍　　余显荣

邹　雪　　夏江文　　桑有顺　　淳　俊

前　言

2015年以来，国家现代农业产业技术体系四川薯类创新团队积极响应党中央精准扶贫的伟大号召，将科技助力精准扶贫作为创新团队工作的重中之重。针对贫困地区薯类产业发展的瓶颈问题，因地制宜开展了新品种、新技术、新模式、新机制的集成创新与推广应用，六年来在科技成果转化和产业扶贫脱贫等方面取得了突出成效，为川薯产业的健康发展提供了强大的科技支撑。

今年是精准扶贫工作的收官之年，在以习近平同志为核心的党中央领导下，经过全党全国人民的共同努力，特别是通过参加扶贫工作的广大党员干部和科技人员的艰苦奋斗，中华民族彻底告别绝对贫困、携手奔向社会主义小康社会的伟大时刻即将到来，四川薯类创新团队每一位成员作为这一重大历史事件的亲身参与者、经历者和见证者，无不感到骄傲和自豪。

马铃薯和甘薯分别是四川省第四和第五大粮食作物，大力发展薯类产业不仅对粮食安全、农业结构调整和农民持续增收意义重大，而且对确保贫困山区和民族地区口粮安全、精准扶贫具有特殊重要作用。四川省薯类主产区与贫困地区高度重叠，全省88个贫困县均在薯类产业主产区，由于薯类对生产生态恶劣条件较强的适应性，对于解决当地广大农户的口粮安全及提供基本营养需求十分重要，是解决精准扶贫中实现“不愁吃”最基本层次需求问题的保底作物，因此薯类产业属于解决区域性整体贫困的适应面广的重大产业扶贫项目。六年来，四川薯类创新团队通过以点带面实现科技成果的技术辐射，致力于将薯类产业培育成为四川贫困地区的特色优势产业。四川省大多数贫困地区已有上百年的薯类种植历史，广大农户具有丰富的薯类种植经验，在贫困地区大力发展现代绿色薯类产业，具有投入少、见效快、风险低、效益高、适应广、难度小、易操作、可复制等特点，采用新品种和栽培新技术，广大农户也易于掌握，有利于大面积、大幅度提高贫困地区农户收入水平，发展现代绿色薯类产业是打赢精准扶贫脱贫攻坚战的最基础的科技助力精准扶贫重大产业化项目。特别需要强调，现代绿色薯类产业链延伸性和扩张性强，可以在薯类主产区培育从种薯种苗、商品薯、初加工产品，到丰富多彩的各种薯类精深加工产品和多功能薯类文化旅游康养产业等发展空间，形成以国内超大消费市场为主体，国内国际双循环相互促进的市场发展新格局，有利于实现精准扶贫与乡村振兴的有效衔接。

我们认为，“科技助力精准扶贫”就是指必须以科技创新和成果转化为基础，充分凸显出科技在精准扶贫中的重要作用。所谓“精”，在于精心组织，要在精准实施上出实招；所谓“准”，在于准确研判，在技术精细化、数量化上下实功；所谓“扶”，就在于“扶贫先扶志”与“扶贫必扶智”，通过科技示范、技术培训和薯类新型经营主体培育形成可持续的内生性“造血”功能，在技术成果精准落地上见实效。为此，从薯类产业科技助力精准扶贫的实际出发，四川薯类创新团队重点抓了3个精准：一是考核任务精准，将科技助力精准扶贫工作纳入团队绩效考评；二是推广技术精准，在深入调研基础上准确把握贫困区薯类产业六大关键技术需求；三是推广措施精准，以扶志与扶智为重点抓好技术培训和新型经营主体培育。同时，创新薯类科技助力精准扶贫的三链联动机制，加强技术创新链示范，在重点县建立核心基地；加强产业创新链延伸，建立薯类科技推广网络；建设高水平创新团队，推动薯类科技价值链转型升级；重视后备人才，促进大批中青年科技骨干健康成长。总之，在党中央领导的精准扶贫的伟大斗争中，我们薯类创新团队的每一位成员都是勇敢的战斗者，坚定的实践者。2020年4月3日，全国科技助力精准扶贫领导小组办公室发文（科技助力扶贫办发〔2020〕2号），四川薯类创新团队荣获“全国科技助力精准扶贫2019年度工作先进团队”称号；是当年四川省唯一受表彰的科研创新团队。四川薯类创新团队岗位专家王西瑶教授获全国科技助力精准扶贫2019年工作“先进个人”称号。正是组织上给予我们创新团队的激励鼓舞，使我们产生了写这本书的初心。本书由四川薯类创新团队首席专家和岗位专家共同编写，用写实的手法和简练的文笔图文并茂地回顾了这六年创新团队开展薯类产业科技成果助力精准扶贫的主要工作，总结归纳了科技助力精准扶贫的主要路径、工作方法、技术路线、技术措施、科技成果转化机制及主要经验等，对于进一步做好薯类科技成果创新转化工作有一定的参考价值，对从事技术推广工作的基层干部、技术人员和新型农业经营主体的领办人有一定的指导意义。

本书的出版先后受到国家现代农业产业技术体系四川薯类创新团队（川农业〔2014〕91号，川农业〔2019〕472号）、公益性行业（农业）科研专项（201503121-08，201503127-03）、“十三五”四川省农作物及畜禽育种攻关项目（2016NYZ0051）、四川省应用基础研究项目（2018JY0626）、省财政创新能力提升专项公益性研究深化工程（2016GYSH-027，2018GYSH-001）等项目的资助。在此，向项目资助管理部门和支持本书出版的中国农业科学技术出版社的同志们表示诚挚的谢意。向所有在薯类产业科技助力精准扶贫工作中做出辛苦努力的科技人员和基层干部、企业家、薯类新型经营主体领办人表示衷心的感谢。

薯类产业将在乡村振兴的伟大事业中发挥不可替代的重要作用，我们的奋斗永远在路上！

作 者

2020年8月28日

目 录

四川薯类创新团队科技助力精准扶贫的工作与成效

黄　钢　潘海平　沈学善

习近平总书记指出，“马铃薯越是贫困的地方种植越多，要从扶贫开发的角度发展马铃薯，多加支持”[①]，“营养健康的马铃薯还没有成为我国的主粮，要通过主食化开发，培养大众消费马铃薯的习惯”[②]。2015年以来，国家现代农业产业技术体系四川薯类创新团队积极响应党中央精准扶贫的伟大号召，将科技助力精准扶贫作为创新团队工作的重中之重。针对贫困地区薯类产业发展的瓶颈，因地制宜开展了新品种、新技术、新模式、新机制的集成创新与推广应用，六年来在科技成果转化、产业扶贫脱贫等方面都取得了突出成效，为川薯产业的健康发展提供了强大的科技支撑。

一、薯类产业科技助力精准扶贫的重要作用

马铃薯、甘薯分别是四川省第四、第五大粮食作物，大力发展薯类产业不仅对粮食安全、农业结构调整和农民持续增收意义重大，而且对确保贫困山区和民族地区口粮安全、精准扶贫具有特殊重要作用。四川薯类创新团队成立以前很长时间，由于种种原因，薯类作物未能受到应有的重视，四川省薯类产业存在诸多

① 宋振峰：找准发展路子　早日脱贫致富——习近平总书记来到咱甘肃之四 [N]. 甘肃日报，2013-2-18.
② 王小萱：你家餐桌有马铃薯主食吗？[N]. 中国食品报，2016-11-7.

问题：科研资金匮乏、科技人员流失、创新转化能力弱、新品种少、种薯混杂退化、栽培技术落后、病虫害严重、贮藏损失大、加工比例低、面积不断萎缩、单产长期低而不稳。川薯产业在农业增效、农民增收和产业扶贫方面的巨大潜力没有得到充分发挥。

薯类产业科技扶贫具有极其重要的作用。其一，我省薯类主产区与贫困地区高度重叠，四川省88个贫困县均在薯类作物主产区，由于薯类作物对生产生态恶劣条件较强的适应性，对于解决当地广大农户的口粮安全及提供基本营养需求十分重要，是解决精准扶贫中实现“不愁吃”最基本层次需求问题的保底作物，因此，薯类产业属于解决区域性整体贫困的适应面广的重大产业扶贫项目。六年来，四川薯类创新团队通过以点带面实现科技成果的技术辐射，致力于将薯类产业培育成为四川贫困地区的特色优势产业。其二，四川省大多数贫困地区已有上百年的薯类种植历史，广大农户具有丰富的薯类种植经验，在贫困地区大力发展现代绿色薯类产业，具有投入少、见效快、风险低、效益高、适应广、难度小、易操作、可复制等特点，采用新品种和栽培新技术，广大农户也易于掌握，有利于大面积、大幅度提高贫困地区农户的收入水平，因此，发展现代绿色薯类产业是打赢精准扶贫脱贫攻坚战最基础的科技助力精准扶贫重大产业化项目。其三，现代绿色薯类产业链延伸性和扩张性强，可以在薯类主产区培育从种薯种苗、商品薯、初加工产品，到丰富多彩的各种薯类精深加工产品和多功能薯类文化旅游康养产业等发展空间，形成以国内超大消费市场为主体，国内国际双循环相互促进的市场发展新格局，可以形成巨大的薯类科技产业链网络系统，有利于实现精准扶贫与乡村振兴的有效衔接。

二、薯类创新团队科技助力精准扶贫主要工作

（一）落实科技人员，纳入目标管理

薯类创新团队将科技助力精准扶贫工作列入团队年度绩效考评。组建5个工

作小组，分赴凉山、阿坝、甘孜、巴中、达州[①]等地与当地农技部门对接，开展巡回指导和技术培训。六年来，团队有三区科技人员18人、科技扶贫万里行5人、科技特派员7人、驻村农技员4人，到贫困地区开展产业技术培训和示范指导驻村时间9 698人·天。针对马铃薯生产和甘薯生产中出现的突出问题，提出应急处理建议23份，向省、市、县撰写60份薯类创新团队生产建议与调研报告，获省领导批示7份。

科技扶贫工作中，涌现出一批优秀扶贫科技人员和先进集体，其中：凉山州岗位女专家余显荣获“2016年四川省脱贫攻坚‘五个一’驻村农技员先进个人”；长驻彝区岗位专家徐成勇获“四川省学术和技术带头人”“凉山州驻村农技员先进个人”；岗位专家沈学善博士获“四川省农业科学院青年领军人才”“创新转化工作先进个人”；岗位专家屈会娟博士获“四川省农业科学院科技支撑精准脱贫先进个人”“凉山州三区科技人员先进个人”；岗位专家丁凡博士获“绵阳市十大创新能手”“有突出贡献的中青年拔尖人才”。南充市农业科学院甘薯所获“2017年全国五一巾帼奖状”；达州市农业科学研究院获“2020年四川省科技特派员工作先进集体”。2020年4月3日，全国科技助力精准扶贫领导小组办公室下发文件（科技助力扶贫办发［2020］2号），四川薯类创新团队获“全国科技助力精准扶贫2019年度工作先进团队”称号。四川薯类创新团队岗位专家王西瑶教授“获全国科技助力精准扶贫2019年工作先进个人”称号。

（二）转化科技成果，突破瓶颈技术，成果推广到位

针对四川贫困区薯类产业发展中的主要问题，在深入调研的基础上重点推广了薯类产业六大新技术。

一是以多季高效种植新模式为突破口，构建薯类产业周年生产技术体系。推广多季高效种植模式，扩大秋冬马铃薯种植面积，大幅度提高春秋冬三季马铃薯单产和效益，形成了马铃薯周年生产、周年供给的产业链发展格局。同时，以春

① 各市、州、县等在不会混淆的情况下用简称。例如：凉山彝族自治州简称凉山或凉山州。

甘薯早育早栽为突破口，形成早春薯和夏秋薯两季甘薯周年生产新型种植制度。创新早春食用薯和夏秋淀粉薯一年两熟甘薯周年种植新模式，比传统模式增收2倍，增产40%以上。

二是选育优质专用薯类新品种24个，推进四川省薯类品种更新换代。以优质专用新品种选育为核心，分类制定了淀粉加工型、鲜食型、紫肉鲜食型、高花青素加工型等优质专用型新品种的筛选标准体系。收集薯类遗传资源690份，对省内外甘薯新品种的产量、抗病性和重要品质特性进行了系统研究，对甘薯新品种蛋白质、淀粉、可溶性糖、花青素、维生素C、胡萝卜素、粗纤维、铁、铜、硒、钠等营养成分进行了分析测试比较研究。创新薯类品种选育技术，创制薯类新材料120份，选育出川芋、川凉薯、川薯、南薯、绵薯系列等新品种24个，其中，淀粉加工型5个，鲜食型14个，紫肉鲜食型5个，高花青素加工型1个；8个品种被农业厅定为四川省农作物主导品种，推进川薯品种更新换代。

三是创新原原种脱毒苗快繁关键技术，构建种薯高效扩繁技术体系。突破四川省薯类产业发展中原原种脱毒快繁的技术瓶颈，着力构建高效率高质量的三代种薯体系，加强良繁技术研究和种薯基地建设，建立种薯全程质量监控体系。研究创新薯类原原种脱毒种薯繁育关键技术，繁殖效率提高40%，成本降低30%。创新优质种薯生理质量调控、增密优化高效群体构建、肥料高效运筹技术促生长、化学调控平衡物质分配的“调、增、促、控”四大关键技术，并在此基础上分类优化集成了原种和生产种高效扩繁技术规程，扩繁产量提高30%以上，生产成本降低20%以上。

四是集成创新薯类提质增效栽培技术体系。突破了限制薯类单产提高的技术瓶颈，以高效、安全、简化为目标，开展优质专用薯类新品种调优高产配套栽培技术研究，集成创新薯类不同品种、不同种植模式、不同播栽期、不同熟期优化栽培技术体系14项，其中11项技术被列为部省主推技术，针对薯类生产上的苗弱、苗稀、起垄低和偏施氮等共性栽培技术问题，研究提出了壮苗培育、增加密度、高厢垄作和控氮增钾四改薯类提质增效共性关键栽培技术。研究和推广了鲜薯型、紫薯型、淀粉加工型等薯类特色专用新品种提质增效关键栽培技术。以“节本、省工、提质、增效”为目标，研究形成4套农机农艺融合机械种收技术模式。系统研究了四川省马铃薯晚疫病、病毒病等主要病害的发病规律，集成马铃薯主要病虫害的绿色防控技术，建立主要病虫害预警防控技术体系。

五是创新安全贮藏保鲜控芽关键技术。针对薯类贮藏中的控芽和保鲜问题，以安全贮藏技术及分子机理研究为重点开展科技攻关。创新“利用紫茎泽兰对马铃薯种薯贮藏保鲜”技术，贮藏损失率由15%以上降低到5%以下，结合冷藏设施，贮藏期由60天延长至150天。研制出利于解除块茎休眠萌芽的植物生长调节剂及其处理方法。解决薯类在储运过程中的保鲜、抑芽、防病等问题，分类制定四川鲜薯大规模集中和小型分散贮藏技术体系，在薯类主产县推广示范取得良好效益。

六是创新薯类加工关键技术和新工艺。与薯类加工企业结合，创新优质专用薯类提质增效精深加工关键技术，研发薯类全粉、全薯粉丝、薯泥、快餐营养粉和甘薯非油炸方便面五大系列主食加工新产品。创新以冷冻薯泥为原料的加工关键技术和设备；以薯类全粉为主要原料，建立连续化、节能环保高效的生产线，创新薯类非油炸方便面加工新工艺；探明紫薯褐变机理，创新紫薯营养成分保护技术，研发紫薯加工制品护色新工艺；创新优质专用薯类淀粉粉丝精深加工新技术和主食产品节能环保新工艺；系统研发薯类全粉一体化综合利用及节能高效环保新工艺，形成连续化、清洁化生产加工新工艺。开发生产多种薯类主食加工产品和特色风味产品，如全薯粉丝、紫薯冷冻薯泥、加入薯类全粉的馒头、面包、面条、快餐营养粉、烘焙食品、速溶即食食品等，川薯主食新产品远销国内外。

（三）加强农民培训，强化基层示范，科技培训到位

团队下移工作重心，在贫困地区建立3个创新团队工作站，有针对性地开展薯类产业技术培训和示范工作。采用“创新团队＋企业＋合作社＋农户”的方式，指导多家龙头企业、公司和专业合作社等新型薯类经营主体。六年来，创新团队主办和承办科技培训班26次，开展各类技术培训488次，培训基层技术人员1.12万人次，培训农户2.99万人次，发放技术资料4.6万份。扶持专业合作社32个，种植大户136户，在合作社基地集中开展新品种、新技术、新产品与新机制示范；

以特色薯产业为切入点，指导企业22家，开发脱毒种薯、有机商品薯和食品等产品。

团队争取经费投资80万元在通江建立马铃薯专家大院，开展马铃薯标准化生产技术示范。带动通江县空山示范区及周边2万余亩马铃薯增产增收，覆盖12个贫困村，帮扶贫困户412户。团队指导大学生积极参加精准扶贫工作，先后深入美姑县、平昌县、道孚县、小金县等国家级贫困县助力科技扶贫。先后有50余名师生前往布拖马铃薯科技小院开展扶贫工作33次，累计入驻1 283人·天，撰写书面文件和建议20余篇。布拖马铃薯科技小院被全国科技助力精准扶贫领导小组办公室授牌布拖县特木里镇（科技小院）2019年全国十佳扶贫示范点。

（四）产学研用结合，提升推广效率，科技示范到位

在民族地区全国扶贫重点地区凉山州建设了全国绿色食品原料标准化生产基地。在全省贫困地区助力打造了“凉山马铃薯”“万源马铃薯”“曾家山马铃薯”“峨边马铃薯”“空山马铃薯”“宁南冬季马铃薯”等国家农产品地理标志和“光友薯业”“524红苕”“千盛惠禾”“空山农场”等薯类品牌。指导薯类龙头企业在贫困地区建立薯类原料基地和电商服务平台，帮助销售贫困地区薯类产品。

三、创新薯类科技扶贫的三链联动机制

薯类创新团队在科技助力精准扶贫的实际工作中，大力加强技术创新与产业创新的双创互动，创新“构建技术创新链—延伸产业创新链—提升科技价值链”的科技扶贫三链联动机制，通过农科教企、产学研用紧密结合，在广大贫困县与薯类主产县交叉重叠地区加强示范推广，在促进薯业增效、薯农增收和产业扶贫等方面取得了显著成效。

（一）加强技术创新链示范，在重点县建立核心基地

建立科技扶贫重点示范县多功能核心示范基地，实现薯类创新团队与科技扶

贫重点示范县的有效对接。创新团队以科技扶贫重点示范县为核心区，带动全省薯类新品种、新技术、新模式、新机制推广。岗位专家坚持以多功能核心示范基地为依托，形成“创新转化一条线，专家农民面对面”的技术推广模式，在示范片的规模、质量、科技含量上狠下功夫。

（二）加强产业创新链延伸，建立薯类科技推广网络

在贫困地区创造多季多点高产高效典型，高产纪录不断刷新。通过技术创新与高产创建相结合，加强“三新”联动、“五良”配套。2018 年，在凉山州会东县创造了冬马铃薯最高产量 5 575.2kg/ 亩（1 亩 ≈ 667m^2，15 亩 =1hm^2，全书同）的历史高产纪录；在贫困县盐亭县推广淀粉加工型专用甘薯新品种实现鲜薯最高产量 5 247.29kg/ 亩，刷新四川省甘薯高产新纪录。2017 年，在盐亭县推广紫色甘薯绵紫薯 9 号高产高效栽培技术示范鲜薯最高产量 4 012.2kg/ 亩，创国内紫色甘薯高产纪录。同时，通过加强与营销企业、物流企业和加工企业的紧密合作，大力推进薯类产业链的延伸。

（三）建设高水平创新团队，推动薯类科技价值链转型升级

一是重视团队管理，培养高水平科技人才队伍。加强团队创新转化任务的顶层设计，建立严格的目标管理责任制，重视首席专家与岗位专家的互动交流，首席专家每年至少对每一位岗位专家工作情况进行三次工作交流考察。加强创新团队的科技扶贫集体活动和技术交流，每年组织全体成员参加的团队科技扶贫集体活动 5 次以上，组织科技扶贫小组活动 10 次以上。

二是重视资源整合，加强与国家产业体系的合作。高度重视与国家薯类产业体系的工作衔接和科技扶贫交流互动，在贫困地区共建试验示范基地，共同开展科技扶贫的重要业务活动。有效实现了技术系统、项目投资和科技人才等科技资源系统整合。

三是重视后备人才，促进大批中青年科技骨干健康成长。薯类创新团队高度重视在科技扶贫中加强中青年科研人员的培养，每个岗位专家都负责带一个课题

组，将中青年人才培育作为重要任务。六年来，大批中青年科技骨干快速成长，薯类创新团队科技人员总数已到达 78 人，高级研究人员数量增加 5.5 倍；正高级职称增加 3 倍，中级职称增加 6 倍，博士增加 5 倍，硕士增加 7 倍。公开发表论文 186 篇，出版专著 10 部，申报国家专利 71 项，已获国家专利授权 60 项，获批技术标准 8 项。先后有 45 人次获省部级科技进步奖励 10 项，其中，2018 年，“优质专用甘薯产业关键技术创新与集成推广”荣获“四川省科技进步一等奖”；2019 年，“四川及周边特困山区马铃薯产业关键技术创新与推广”荣获“中华农业科技奖二等奖”。团队专家指导大学生双创项目获得 13 项创新创业奖励，其中获国际创业奖 1 项、团中央和教育部颁发的全国创业奖 2 项、省级创业奖 7 项。

不忘初心、牢记使命，为脱贫攻坚出策出力

四川薯类创新团队首席专家　潘海平

2017年3月8日，习近平总书记在参加十二届全国人大五次会议四川代表团审议时的讲话中指出：到2020年现行标准下农村贫困人口全部脱贫、贫困县全部摘帽，是我们党立下的军令状。脱贫攻坚越往后，难度越大，越要压实责任、精准施策、过细工作。要继续选派好驻村干部，整合涉农资金，改进脱贫攻坚动员和帮扶方式，扶持谁、谁来扶、怎么扶、如何退，全过程都要精准，有的需要下一番“绣花”功夫。防止返贫和继续攻坚同样重要，已经摘帽的贫困县、贫困村、贫困户，要继续巩固，增强“造血”功能，建立健全稳定脱贫长效机制，坚决制止扶贫工作中的形式主义。全面脱贫，建成小康社会，关键在农村、在农民。作为长期在农业战线上工作的我，对“三农”工作有着深刻的认识，有着深厚的感情，时刻心系“三农”“不忘初心、牢记使命”。在工作岗位上，努力学习、开拓创新、敢于担当、积极工作，

中央电视台新闻联播头条新闻，潘海平宣讲学习习近平总书记关于乡村振兴重要论述　2018年4月

为农业发展、农村富裕、农民增收做出过重要贡献。我先后主持和承担部省市各级项目 40 余项，获各级成果奖励和荣誉 60 余项，其中省部级成果奖励 8 项；发表论文 100 余篇，专著 1 部。先后被评为攀枝花市“十大杰出青年”，攀枝花市有突出贡献专家，获中国农学会青年科技奖；推荐为四川省“十大杰出青年”候选人，被评为四川省优秀青年，获省优秀青年科技创新奖；享受国务院政府特殊津贴专家，省委表彰的优秀党员，省、市农业先进科技工作者等荣誉。在农业农村厅担任总农艺师期间，经常深入基层、深入农村、深入农户进行调研、指导和培训，每年下乡时间在 90 天以上，为四川现代农业发展和脱贫攻坚做了大量工作，为领导科学决策提供了依据。

一、不忘初心，深入基层指导服务

习近平总书记提出脱贫攻坚目标任务后，农业农村厅率先提出科技扶贫和产业扶贫，并在系统中选派 1 万余人到每个贫困村进行服务和指导。我向农业农村厅党组建议科技扶贫必须以特色产业为主，避免同质化，在农业产业发展中必须加强动植物检验检疫，加强本地良种繁育基地建设，加强新品种试验示范，避免病虫草危害和保证农业生产和产品安全，得到主要领导的肯定，并专门发文强调

潘海平参加第六届国际农业科学院院长高层研讨论坛　2019 年 11 月

潘海平在以色列驻成都总领事馆谈科技合作
2018 年 3 月 22 日

了此事。根据农业农村厅主要领导安排，我重点负责乌蒙山区（川南）几个贫困县的产业扶贫工作的督导和指导，连续多年与牵头的经济作物处、园艺总站的同志经常深入贫困县乡村户，进行调研、指导、培训和督导。几年来，我先后多次到凉山木里、盐源、布拖、昭觉、会理、西昌、冕宁、德昌，阿坝汶川、茂县、马尔康、理县、阿坝县，甘孜稻城、理塘、雅江、康定、泸定，巴中南江、巴州、恩阳、平昌，乐山沐川、井研、夹江、犍为、峨眉山，眉山丹棱、仁寿、青神、东坡、彭山，广元朝天、昭化、剑阁、利州、青川、旺苍，达州开江、宣汉、万源、达川、通川，广安岳池、广安、前锋，雅安名山、石棉、天全、汉源、雨城，遂宁船山、安居、大英、射洪、蓬溪，南充蓬安、西充、嘉陵、顺庆，绵阳平武、安州、盐亭、梓潼、三台、游仙、江油、涪城，德阳中江、绵竹、罗江、广汉、旌阳，宜宾兴文、筠连、高县、翠屏、珙县，泸州古蔺、叙永、合江、江阳、纳溪、泸县，自贡大安、贡井、荣县、自流井，内江东隆昌、威远、资中，资阳安岳、乐至，攀枝花米易、盐边、仁和等市（区、县），并对各地产业发展规划提出针对性的建议，我每到一处都强调因地制宜、农民主体，反对形式主义和形象工程，强调习近平总书记提出的“扶贫先扶志、治贫先治愚”，宣传推广以种定养、以养定种，大力发展循环农业、高效农业、生态农业。强调在贫困地区发展现代农业首先要考虑机械化，进行宜机化和肥水一体化基地建设，加强有数量、有质量、有技术含量、有文化内涵、有特色、有服务体系和营销的品牌建设，搞好农产品的商品化处理和市场开拓，提高综合效益。加强真正起作用的新型主体培育，完善再分配利益机制，发展适度规模经营，避免大规模土地流转，减少市场、自然、技术、

潘海平和薯类创新团队在阿坝县考察马铃薯全程机械化示范基地
2019 年 8 月

政策等风险对农业生产的影响。

二、牢记使命，加强全面指导服务

我作为四川省农业技术专家，熟悉农业科研、推广、行政管理、法律法规和相关政策，有丰富的工作经历和经验，当过农民，对农民有着深厚的感情，《攀枝花日报》以“农民的儿子”专门报道过我为攀枝花现代农业发展所做的贡献。我当过乡干部，率先进行水利设施恢复和为全省成立的第一个彝族合作社起草了章程。当过攀枝花市农业科学所所长，提出对农业科技人员为“两当（当地、当前农业生产）服务”和“三会（写、干、说）三出（文章、成果、人才）”为主的目标管理和绩效考核办法，建立专家基地和“导师制”，充分调动了科技人员的积极性和创造性，为攀枝花特色农业发展和农民增收、农业增效提供了强力的科技和人才支撑，使攀枝花现代农业发展走在全省前列。当过攀枝花市农牧局局长，比全国提前两年全面取消农民负担和农业税，推行动物强制免疫政府买单列入财政预算，推进乡镇兽医人员纳入公益性事业岗位，并在全省率先推广种草养畜 7 万亩，大力发展草食牲畜和圈养。我当过政协专委会主任，亲自写了 23 份关于“三农”的提案和建议，在政协大会和常委会发言多次，提出了加强农业科技、教育、人才和培训，加快推进农村农民低保和社保，实行农民国民待遇，大力发展循环农业、旅游农业、现代农业、特色农业、保护农业生态等建议。我曾在农业部科教司挂职任副司长，主管全国农业技术推广的科教工作，提出了加强农业科技、基层农技服务体系和队伍建设，加

潘海平和四川薯类创新团队在南充市西充县召开丘陵区冬马铃薯示范现场观摩会　2019 年 5 月

潘海平和四川薯类创新团队在南充市丘陵区考察冬马铃薯机械化收获示范现场　2020 年 4 月

强农民和适用人才培训教育，得到部领导和相关部门领导的肯定，有些建议被采纳和重视。2011 年，在深圳举行的第十三届中国国际高新技术成果交易会上直接向时任中央政治局委员、广东省委书记汪洋同志和十一届全国人大常委会副委员长蒋树声同志汇报过农业科研工作。在农业厅担任总农艺师期间，对四川发展现代农业、循环农业、特色农业、旅游农业、加强生态保护、提高粮食生产能力、加快农机化发展、强化农业科技、大力培育新型主体和职业农民、加强生物多样性保护、加强动植物检验检疫，坚持依法治农、健全基层服务体系和队伍建设、实施乡村振兴战略等也提出了对策建议。作为农业专家和四川薯类创新团队首席专家，重点组织全体专家完成目标任务，搞好协调服务，为四川现代农业发展、脱贫攻坚、乡村振兴提供技术服务和人才支撑。

三、发挥优势，直接培训服务和提供智力支撑

近几年来我积极参与各类人才的培训和指导，为省内外培训讲课 60 余次，直接培训 5 760 余人次。有农业农村部和中组部培训班，特别是西部地区云南、青

潘海平率四川省农业科学院科技扶贫专家组赴布拖县开展产业科技扶贫调研　2020 年 4 月

海、重庆、甘肃等地的村两委、大学生村官、合作社负责人、种植大户，还有全省的基层农技人员、青年农场主、职业经理人、新型主体，职业农民等。省内深度贫困地区的农技人员和新型主体进行有针对性培训，强调因地制宜发展特色产业和选择主导品种，避免同质化，有产量没质量，有数量没效益。有的市州县直接去当地进行培训和指导，培训后留下联系方式，继续指导服务。培训中以党的方针政策宣传为主线，现代农业科技为主要内容，乡村振兴为主要抓手，分析农业发展面临的形势和机遇，强调农业发展要注意的事项和风险，推广好的做法和经验，培养一批真正懂农业、爱农村、爱农民的农业工作者，培训一批真正有文化、懂技术、善经营、会管理、讲文明、守诚信的高素质职业农民。新冠肺炎疫情发生后，坚决参与应对，同时认真学习和思考，编撰的《四川省粮食安全形势分析》得到省委副书记邓小刚同志签批给省政府 3 个部门主要领导参阅。与其他专家共同提出的《新冠肺炎疫情对四川马铃薯产业的影响及对策建议》得到省政府副省长尧斯丹同志签批给农业农村厅主要领导阅。在四川省农业科学院农业科技动态上发表《加强动植物检验检疫、确保我省农业生产和供给安全》分送省委省政府两办，供领导参考。在《四川农村日报》上，多次报道了我省马铃薯产业发展的状况，农业科技的作用，特别在深度贫困地区的地位和作用。马铃薯产业过去、现在、将来都是民族地区的主导产业。必将为产业兴旺、农民富裕、乡村振兴发挥更大的作用。

加强薯类科技创新转化，助力精准扶贫伟大事业

四川薯类创新团队顾问　黄　钢

2008—2018 年，我担任国家现代农业产业技术体系四川薯类创新团队首席专家，2019 年起，应邀做团队顾问。四川省是全国马铃薯、甘薯生产大省，薯类主产区与贫困地区高度重叠，因此，薯类创新团队的成果转化工作一直以贫困地区为重点。2015 年，习近平总书记做出精准扶贫的重大部署后，四川薯类创新团队进一步将科技助力精准扶贫作为工作的重中之重。我在科技助力精准扶贫工作中，主要从 3 个方面着力。一是要求创新团队全体科技人员将创新转化示范推广的工作重心下沉到精准扶贫一线。二是以身作则，身体力行带头做好科技助力精准扶贫工作。三是团结全省薯类科技人员和新型薯类经营主体领办人，以科技为引领，推动四川省薯类产业转型升级。

黄钢在四川薯类创新团队马铃薯机械化收获示范现场　2015 年 4 月

今年是精准扶贫工作的收官之年，在以习近平同志为核心的党中央领导下，经过全党全国人民的共同努力，

薯类创新团队专家在仪陇县考察种植大户的马铃薯新品种示范基地　2015 年 4 月

特别是通过参加扶贫工作的广大党员干部和科技人员的艰苦奋斗，中华民族彻底摆脱绝对贫困的日子指日可待。每当我想到 14 亿中国人民一起彻底告别绝对贫困、携手奔向社会主义小康社会的伟大时刻即将到来，想到儿时在贫困小山村以甘薯、马铃薯充饥的艰难岁月，想到 40 多年来作为改革开放、科技创新、成果转化和科技扶贫的坚强战斗者、坚定支持者和重大历史事件的亲身经历者，我情不自禁地感到无比的骄傲和自豪，为伟大祖国的日益强盛而欢欣鼓舞，为中华民族彻底告别绝对贫困走向繁荣富强而无比欣慰。

一、加强全省薯类产业科技力量在精准扶贫中的整合推进

在党组织的培养下，我从一位贫困小山村的生产队农科员，一步步成长为博士、研究员、国务院政府特殊津贴获得者、四川省学术技术带头人和四川薯类创新团队首席专家（至 2018 年）、四川省农业科学院副院长。在科技助力精准扶贫的战斗中，我首先想到的是如何充分发挥科技领导力，团结好整个薯类创新团队的科技力量，通过四川薯类创新团队再链接全省薯类产业发展有关的科研院校、政府部门、企

在北川县建立四川薯类创新团队北川工作站　2015 年 5 月

黄钢在国家级示范合作社遂宁市安居永丰绿色五二四红苕专业合作社考察　2015 年 5 月

在凉山州普格县，创新团队专家们看到满山盛开的马铃薯花格外高兴　2015 年 6 月

业、合作社和薯类主产区的广大基层党组织，以科技项目和科技成果为纽带大范围整合全省薯类产业科技力量，扎实推进科技助力精准扶贫工作。我和岗位专家们一起深度研讨和正确把握科技助力精准扶贫的工作方法，充分认识到，所谓“科技助力精准扶贫”，就是指必须以科技创新和成果转化为基础，充分凸显出科技在精准扶贫中的重要作用。所谓“精”，在于精心安排，要在精准实施上出实招；所谓“准”，在于准确研判，在技术精细化、数量化上下实功；所谓“扶”，就在于“扶贫先扶志”与“扶贫必扶智”，通过科技示范、技术培训和薯类新型经营主体培育形成可持续的内生性“造血”功能，在技术成果精准落地上见实效。为此，从薯类产业科技助力精准扶贫的实际出发，薯类创新团队重点抓好 3 个精准：即考核任务精准、推广技术精准、推广措施精准。

（一）考核任务精准，将科技助力精准扶贫工作纳入团队绩效考评

2015 年起，薯类创新团队将科技助力精准扶贫工作纳入每位岗位专家的团队年度绩效考评。在首席专家与各岗位专家签订的科技创新转化目标任务书中，对

薯类创新团队专家在凉山马铃薯丰收的田间交流技术问题　2016年5月

岗位专家推广的新品种、新技术、新模式，实施的示范地点、规模，培训人员和预期效果等尽量精细化、指标化。薯类创新团队组建了5个工作小组，分赴薯类主产区凉山、阿坝、甘孜、巴中、达州等市州与当地农技部门对接。创新团队目标任务书特别要求岗位专家必须在科技扶贫重点示范县建立多功能核心示范基地，要求核心示范基地应该具有科研实验、融合创新、科技示范、技术培训、产业链联通等多种功能，践行“创新转化一条线，专家农民面对面”的技术推广模式，实现点面片结合，带动区域薯类新品种、新技术、新模式、新机制推广。

（二）推广技术精准，在深入调研基础上准确把握贫困区薯类产业技术需求

科技助力精准扶贫首先应该做到推广技术有的放矢，能够精准对接贫困地区、贫困村和贫困户对薯类产业技术的紧迫需求。2015年，我组织薯类创新团队岗位专家深入贫困地区的贫困村、贫困户开展调研，并于当年在贫困地区召开了四次全省性的薯类产业科技助力精准扶贫技术研

黄钢在通江县空山马铃薯良种繁育示范基地考察　2016年3月

讨会。通过深入调研和专家研讨，明确了在科技助力精准扶贫工作中应重点推广的六大关键技术。一是从改革薯类种植模式入手，构建薯类周年生产周年供给的产业发展格局。扩大秋冬马铃薯种植面积，提高春秋冬三季马铃薯单产和效益。同时，以早育早栽春甘薯为突破口，力争在7月挖早甘薯，大幅度提高甘薯种植效益。二是针对贫困地区薯类品种多乱杂的问题，以推广优质专用薯类新品种为重点，促进四川省薯类品种更新换代。重点推广了川芋、川凉薯、川薯、南薯、绵薯系列等我省自育新品种24个。三是狠抓优良种薯的扩繁，加强良繁技术研究和种薯基地建设，创新薯类原原种脱毒种薯繁育关键技术。四是集成创新薯类提质增效栽培技术体系。针对薯类生产上的苗弱、苗稀、起垄低和偏施氮等共性栽培技术问题，研究提出了壮苗培育、增加密度、高厢垄作和控氮增钾薯类四改提质增效关键栽培技术。研究形成4套农机农艺融合机械种收技术模式，建立主要病虫害预警防控技术体系。五是推广安全

黄钢在双流考察马铃薯新型播种机实验现场
2017 年 1 月

薯类创新团队在凉山州普格县考察马铃薯良种繁育基地　2017 年 8 月

薯类创新团队专家在荣县考察秋马铃薯示范基地
2017 年 12 月

黄钢在全省马铃薯产业推进会上做专题报告
2017 年 12 月

黄钢在盐亭县与马铃薯专业合作社业主田间交谈　2018 年 5 月

贮藏保鲜控芽关键技术。解决薯类在储运过程中的保鲜、抑芽、防病等问题，分类制定四川鲜薯大规模集中和小型分散贮藏技术体系。六是创新优质专用薯类提质增效精深加工关键技术，与薯类加工企业结合研发薯类全粉、全薯粉丝、薯泥、快餐营养粉和薯类非油炸方便面五大系列薯类主食加工新产品。

（三）推广措施精准，以扶志与扶智为重点抓好技术培训和新型经营主体培育

针对贫困地区基层干部、技术人员和广大贫困户的技术培训是扶志和扶智的关键。薯类创新团队以解放思想、开阔视野、传授技术、现场示范为主要培训方法，组织团队岗位专家及课题组成员在贫困地区长期坚持基层技术培训，取得了显著成效。创新团队要求各岗位专家组要做出技术培训年度计划，以先进实用技术为培训主要内容，在核心示范基地加强对专业大户和农技骨干的培训，将各岗位专家的培训教材汇集成册提供给推广部门，将创新团队的最新研究成果尽快融入全省薯类产业的快速推进中。六年来创新团队主办和承办科技培

在盐亭县甘薯优质高产新品种示范现场与国家现代甘薯产业技术体系首席专家马代夫先生（右二）一起验收产量　2018 年 11 月

训班 26 次，培训基层技术人员 1.12 万人次，培训农户 2.99 万人次。团队在贫困地区建立 3 个工作站，有针对性地加强薯类新型经营主体的培育工作。扶持薯类专业合作社 32 个，种植大户 136 户，在合作社基地集中开展新品种、新技术、新产品与新机制示范，通过合作社和种植大户带动广大贫困户脱贫增收。同时，以优良种薯、优质商品薯和方便主食加工产品为切入点，指导薯类企业 22 家，薯类企业通过带基地、带农户和解决就业帮助大批贫困户脱贫。

二、身体力行，积极投身科技助力精准扶贫的伟大事业

2015 年 4 月，我办理了退休手续。卸掉了行政职务之后，我集中精力集中时间重点抓了创新团队的管理工作。2019 年起，积极做好第三轮薯类创新团队的顾问。回顾这 6 年的退休生活，我做的最有意义的事就是身体力行积极投身于科技助力精准扶贫的伟大事业。

（一）坚持深入农村，深入贫困地区田间地头

2015—2018 年，我任四川薯类创新团队首席专家期间，坚持以身作则，身体力行，长期坚持深入农村，深入贫困地区田间地头。这 4 年，我因科研工作每年出差时间都在 1/3 以上，深入田间地头的时间每年均在百天以上，重点是到四川省薯类主产区和贫困地区调研，在贫困县开展科技助力精准扶贫工作。六年来，

薯类创新团队专家们在盐亭县田间交流马铃薯机械化收获技术问题　2019 年 5 月

薯类创新团队在阿坝县考察马铃薯全程机械化示范基地　2019 年 8 月

我深入薯类田间地头的地方有：凉山州的昭觉县、布拖县、会东县、会理县、德昌县、木里县、盐源县、宁南县、普格县、冕宁县、越西县、西昌市、攀枝花市的仁和区、米易县、阿坝州的阿坝县、理县、茂县、汶川县、资阳市的雁江区、巴中市的恩阳区、通江县、巴州区、南江县、平昌县、达州市的大竹县、达川区、宜宾市的长宁县、高县、眉山市的彭山区、东坡区、南充市的南部县、西充县、仪陇县、阆中市、嘉陵区、高坪区、顺庆区、乐山市的峨边县、内江市的资中县、威远县、遂宁市的安居区、绵阳市的三台县、盐亭县、北川县、江油市、安州区、德阳市的中江县、广汉市、什邡市、罗江区、泸州市的古蔺县、叙永县、泸县、自贡市的大安区、富顺县、荣县、成都市的金堂县、蒲江县、简阳市、新津县、彭州市、新都区、邛崃市、崇州市等。省领导对薯类创新团队工作的肯定与鼓励让我们倍感亲切。2016 年 8 月，我和省内外几位专家联名向时任四川省委副书记的刘国中同志提交了《关于大力发展四川省薯类产业的建议》，得到了刘国中同志的高度重视和重要批示。2016 年 9 月 27 日，在全省产业扶贫现场推进会上，我代表薯类创新团队做了《发展薯类产业，助力精准扶贫》大会发言，会后刘国中副书记当面表扬说："你讲得好！" 2018 年，我和课题组成员撰写的《科技支撑传统粮油产业转型升级》报告，先后获得多位省级领导同志的批示。

2019 年，我因心脏手术减少了出差；2020 年，因新冠肺炎疫情出差更少。但是，我仍然身体力行坚持为四川省现代薯类产业发展做工作。我确信，现代薯类产业的关键在于大力发展精深加工产业推进全省薯类产业转型升级，才能进一步巩固科技助力精准扶贫脱贫的重大成果。正是按照这一思路，我进一步把工作重点转移到薯类精深加工。2020 年 4 月，在新冠肺炎疫情期间我主笔撰写了四川省现代薯业精深加工产业链示范工程项目规划，该项目以光友薯业精深加工现代产业链工程为依托，以全营养、高附加值、现代产业链转型升级为主攻方向，以薯类精深加工和智能制造为核心技术；通过专用薯类良种筛选、优质高效安全栽培、保鲜安全贮藏、精深智能加工、综合开发新产品、智能机械制造和现代营销技术体系等关键产业链环节的技术创新和产业创新，为做大做强四川及我国薯类现代加工产业链提供先进的科技支撑和产业链创新工程示范。2020 年 5 月下旬，我再次赴凉山州布拖县参加马铃薯全产业链现代农业园区项目实施方案的论证工作。该项目以全省马铃薯种植面积最大的国家级贫困县布拖县为基地，以马铃薯脱毒种薯和精深加工为重点，以布江蜀丰生态科技有限公司为业主，形成包括马铃薯繁育、种植，

黄钢在绵阳市高新区主持四川省现代薯业精深加工产业链示范工程项目规划论证　2020 年 4 月

马铃薯加工、流通的完整的产业链。这一项目已落地实施，将于 2020 年 11 月底投产，必将对凉山州马铃薯产业发展产生重要的影响。

（二）坚持科技培训，加强现代农业新理念新技术传播推广

六年来，我在科技助力精准扶贫方面做的一项重要工作就是长期坚持现代农业新技术培训。国际国内大量事实反复证明，新技术培训是产业扶贫行之有效的重要路径。

不完全统计，2015—2020 年 6 月，我授课培训过的学员达 1.3 万人次，学员包括广大农户及贫困户、基层农业技术人员、农村基层干部，也有县级干部、中高级农艺师、企业家、大学生、研究生等，培训学员以四川省为主，也包括青海、安徽、湖南、湖北、甘肃、贵州、西藏等地干部、企业家和农业新型经营主体负责人。

我授课到过的地方达 40 多个县（市区），包括：凉山州的昭觉县、布拖县、会东县、宁南县、普格县、冕宁县、越西县、西昌市、攀枝花市的仁和区、米易县、阿坝州的阿坝县、理县、茂县、汶川县、巴中市的恩阳区、通江县、巴州区、南江县、平昌县、眉山市的彭山区、东坡区、南充市的西充县、嘉陵区、顺庆区、乐山市的峨边县、遂宁市的安居区、绵阳市的高新区、北川县、江油市、德阳市

的中江县、广汉市、泸州市的古蔺县、叙永县、成都市的蒲江县、简阳市、新津县、新都区、邛崃市等。

邀请我授课的领导部门、教育机构和单位有：国家扶贫基金会、全国妇联、四川省农业农村厅、四川省科技厅、四川省农业科学院农业部现代农业培训基地、四川省气象局、四川省扶贫移民局、四川大学、西南财经大学、成都大学农业农村部杂粮加工重点实验室、四川农业大学、成都市行政学院、西昌学院、凉山州委党校、凉山农校、凉山州西昌农业科学所、北川县委党校、成都市农技推广总站、成都广播电视大学、成都农业科技职业学院、四川省农广校、四川省农机院、巴中市农业局、绵阳市农业局、绵阳市农业科学研究院、南充市农业科学研究院、南充市农广校、内江职业技术学院、简阳市委组织部、温江区万春镇国家级创客空间、广汉市农广校、中江县农广校、简阳市施家镇党委、巴中市伟联职业技术培训学校、邛崃市牟礼职业技术培训学校、四川光友薯业有限责任公司、青白江区福洪镇蓉欧青年论坛、贵阳教育学院等。

讲授的课程包括：乡村振兴战略政策解读、农业科技创新与精准扶贫、农业供给侧改革与精准扶贫、农业产业化与精准扶贫政策解读、大生态战略与精准扶贫、现代生态农业、现代绿色农业、农业新型经营主体培育、现代家庭农场管理、现代农业产业化、现代企业双创发展战略、农产品质量安全、农业技术推广法与实施、现代种植业基地风险管控、马铃薯现代绿色产业关键技术、供给侧改革与现代绿色薯业技术创新、合作社在电商扶贫中的角色、如何实现杂粮产业的转型升级、现代生态农业园区运营与管理、林下经济与产业扶贫等。虽然，我已有20余年的授

薯类创新团队在南充丘陵区考察冬马铃薯示范现场
2020年4月

课经验，但是，每次授课前我都会根据学员对象需求和特点认真备课，尽量把最新的理念、技术、信息有的放矢传授给学员，尽量把现代农业经营管理与新技术进展有机结合。同时，无论讲任何课程，我都会花一些时间把现代薯类产业新技术适当地结合进去。

（三）大力培养青年专家，为薯类产业扶贫和可持续发展提供人才支撑

人才是第一重要的产业资源，也是薯类产业科技扶贫和可持续发展的根基。从我国现代薯业科技扶贫的实际出发，现阶段有两类人才至关重要，即科技双创人才和新型薯业经营主体创业人才，二者缺一不可。为此，6 年来，我与创新团队的老同志们在科技助力精准扶贫的工作中始终把青年人才的培养放到极其重要的地位。

一是加强青年双创科技人才的培养，要求青年科技人才能够主动灵活地将技术创新成果与薯类产业创新需求对接，能够在科技扶贫实践中推进科技创新和产业创新的双创互动，能够将技术创新成果转化为薯类产业新产品、新技术、新模式等。可喜的是，在薯类产业科技扶贫的实践中一批科技双创人才已成为薯类创新团队骨干力量。如长期扎根凉山州从事马铃薯育种的徐成勇同志已成长为四川省学术和技术带头人、二级研究员，成为全省在贫困地区最基层科技一线工作的省级学术技术带头人。40 岁以下的青年科技骨干已占薯类创新团队岗位专家的 60%，77% 晋升高级职称。一批青年岗位专家还成为国家自然科学基金项目或部省级重大项目主持人。一批大学生、

在凉山州布拖县马铃薯良种繁育基地与科技小院的
四川农业大学的学生在一起　2020 年 5 月

黄钢在凉山州布拖县马铃薯全产业链现代农业园区项目实施方案的论证会上　2020 年 5 月

研究生成为现代绿色薯业科技双创人才的重要后备骨干。

二是加强薯类新型经营主体带头人的培养，特别是对薯类产业化企业、合作社、家庭农场和职业经纪人的培养。六年来，我和创新团队的老同志们在科技扶贫实践中高度重视薯类新型经营主体领办人的扶持和培养，在技术指导、科技示范、技术培训、技术咨询、信息交流、产业引导、资源配合、成果申报等多方面给予帮助，一大批产业领域双创人才脱颖而出，一些优秀的薯类企业和合作社还荣获农业农村部和四川省的科技成果奖励，包括四川省科技进步一等奖，农业农村部二等奖。涌现出四川光友薯业有限责任公司、成都紫金都市农业实业公司、遂宁市安居永丰绿色五二四红苕专业合作社、宜宾市顶古山薯业有限责任公司、“万春智汇 · 创客空间”、盐源县华刚马铃薯专业合作社、三台县胜丰农业种植专业合作、凉山州宁南县白鹤滩马铃薯专业合作社、安岳县周礼镇鸿安红薯专业合作社、宁南县邱洋种植家庭农场、三台县旭日升家庭农场、安县益昌薯类种植专业合作社、通江县空山马铃薯专业合作社等一大批薯类产业新型经营主体先进典型。

让贫困区薯农吃健康薯、种活力薯、卖高效薯

王西瑶　余丽萍　邓孟胜　蔡诚诚　徐　驰

四川特困山区及周边特困山区涉及大小凉山、乌蒙山区、秦巴山区和西南四省藏区，是少数民族贫困人口集中区，也是中国马铃薯主产区之一——西南混作区。作为该区域主粮作物，马铃薯对当地口粮保障、脱贫攻坚意义重大。但是种薯活力差、品种混杂退化、栽培和加工等关键技术落后，技术推广艰难，长期制约该区域马铃薯产业发展。四川农业大学薯类活力调控与贮藏技术研发课题组经过多年系统研究，在上述关键技术领域实现了突破性创新。同时课题组在四川省委、省政府，四川省农业农村厅，国家马铃薯产业科技创新联盟，四川薯类创新团队，四川省科协，中国农技协科技小院联盟，凉山州委、州政府，布拖县委、县政府，江油市对口帮扶布拖县脱贫攻坚前线指挥部等部门的指导和帮助下，通过“科技扶贫万里行”、“三区”人才专项等科技扶贫项目，长期深入贫困乡、贫

王西瑶教授参加科技扶贫万里行活动

荣誉证书

王西瑶同志：

在2018年度“三区”科技人员专项工作中表现突出，被评为凉山州“三区”科技人员

先进个人

特发此证，以资鼓励。

凉山州科学技术局

二〇一九年三月

王西瑶教授参加凉山州“三区”人才项目

困村，进行马铃薯种植大面积示范推广，取得了显著的社会、经济和生态效益，为决战决胜脱贫攻坚助力。

一、攻克薯类活力调控科技难题

（一）揭示油菜素内酯促进马铃薯块茎萌芽机理

探索长期制约特困山区马铃薯安全贮藏和食品健康的块茎萌芽难控问题，以油菜素内酯（BR）促进马铃薯块茎萌芽为切入点，应用定量磷酸化蛋白质组学和靶向蛋白质组技术揭示其调控块茎休眠萌芽的作用机制，功能富集聚类显示 BR 显著上调了氨基酸代谢途径，下调了植物激素信号转导和蛋白质输出路径。研究结果揭示 BR 通过调控蛋白磷酸化过程来促进马铃薯块茎发芽的新机制。

（二）明确恶性杂草紫茎泽兰的抑芽效应并应用于种薯控芽

紫茎泽兰属菊目菊科泽兰属丛生型半灌木多年生草本植物。是中国西南地区的主要入侵植物，对当地自然环境和农业生态系统造成了严重危害。课题组研究表明，紫茎泽兰无水乙醇索氏萃取物对马铃薯种薯具有控制发芽时间及芽长、延长贮藏期、减少烂薯率、降低重量损失的作用。由于使用紫茎泽兰控芽，种薯的萌芽时间与播期匹配，后续播种的产量显著高于对照的老化种薯。以紫茎泽兰为原料，研发了马铃薯种薯贮藏保鲜剂 BXS1，拌种处理后进行常温贮藏能使烂薯率降低 20% 以上。

（三）将植物源物质樟脑应用于种薯轻简控芽并揭示其机理

樟脑是樟树中的一种挥发性次生代谢物，课题组首次发现它对种薯萌芽有很强的抑制作用，从结构、生理以及基因表达，多角度研究解析了樟脑抑制萌芽的作用机制，并且这种作用可逆，是专用于种薯控芽的理想物质。课题组以樟脑为主要控芽成分，研发出了马铃薯种薯专用贮藏技术。

（四）研制用于种薯药剂处理的熏蒸装置和种薯贮运装置

目前马铃薯种薯多采用塑料编织袋、尼龙网袋包装后运输、贮藏，或者不装袋直接堆放。这些贮藏运输包装方式通风透气性能较差；堆叠造成种薯挤压损伤，易于传播病菌加速腐烂；堆叠透光性较差影响种薯萌芽。针对这些问题，课题组设计出新型的种薯贮运箱，该箱有利于种薯在贮运过程中通风、透气、搬运便捷、防病菌交叉感染、防种薯挤压和易于清洗消毒。创新使用雾化熏蒸法，设计针对马铃薯贮藏需要的雾化机，将试剂以流动气体的方式施用于马铃薯，提高药剂附着于种薯的效率，可降低使用浓度至原来的1%~10%，降低成本。

上述创新的研究成果为马铃薯科学高效贮藏提供了理论支撑，为实现“让彝族同胞吃上不发芽的健康土豆，让农户种上高活力的发芽种薯，让农户卖出高效益的致富薯”奠定了科技基础。

二、精准服务特困山区马铃薯产业需求

课题组运用集成创新的以调控种薯活力为核心的理论和技术，带领产学研10个合作单位集体攻关，建立了与西南混作区马铃薯周年生产多季节播种、间套作模式配套的绿色轻简化种薯活力调控体系，创建了适宜四川及周边特困山区马铃薯产业提升的“良种、良繁、良法、良品、良模”五良联动新模式。开展特困山区培训620次、培训25 000人次。课题组主持完成的《四川及周边特困山区马铃薯产业关键技术创新与推广》获2018—2019年度神农中华农业科技奖二等奖。王西瑶教授获全国科技助力精准扶贫2019年工作“先进个人”称号。

课题组科技助力布拖县、昭觉县、喜德县等深度贫困县，建立“原原种—原种—生产种—商品薯”的四级种薯生产体系，指导建立5 000m^{2}智能雾培大棚，一季生产原原种200万粒以上，增产75%以上，直接增收36万元以上，间接性农户增收500万元以上；逐步探索冬季种薯生产技术体系，预计再生产原原种100万粒左右，直接产生种薯经济效益50万元以上；指导133.33hm^{2}原种基地

王西瑶教授在布拖县调查马铃薯苗情

种薯处理、晚疫病防治，预计减少损失 30%，折合经济效益 200 万元以上；指导 1 000m^2 马铃薯贮藏库工作，预计可以贮藏马铃薯 2 000t 以上，贮藏损失由 30% 降低到 5% 以内，折合效益 50 万元以上，间接效益提升 500 万元以上。指导农户散户贮藏，商品薯损失降低 5% 以上，平均每户将至少减损 1 000 元。通过科普教育与贮藏技术指导，让布拖县彝族农户吃上不发芽的营养健康马铃薯。以科技小院为支撑，特木里镇获 2019 年全国科技助力精准扶贫“十佳”示范点。

王西瑶教授在布拖县调研种薯生产情况

开展技术培训

三、建立长效科技服务机制

研究生与科技人员驻地研究，为贫困区薯农服务零距离、零门槛、零时差，及时发现生产问题、解决生产问题，打通科技服务农户及生产组织的“最后一公里”，推动马铃薯产业可持续发展。涵盖了马铃薯产业关键技术科技研发与创新、成果示范推广、技术培训与服务、科技人才培养等重要内容，切实打通科技服务农户与精准脱贫的两个“最后一公里”。

课题组师生长期坚持上山下乡走基层，彰显三农情怀，使命担当。彭洁博士创办的“成都千盛惠禾农业科技有限公司”实体企业，以市场运作的方式，将马铃薯团队集成的良种、良繁、良法、良品、良模“五良配套”体系技术成果，推广应用到凉山州紫色马铃薯生产，助力贫困户的脱贫增收，取得了显著效益。公司全程陪伴式地帮助农户种出优质高产、市场价格高的紫色马铃薯，同时，通过自主打造并形成了“紫色马铃薯”品牌，构建了稳定的销售渠道，最让人欣喜的是，2020 年成功打开外贸出口渠道，签订 1 500 万元的稳定销售订单。技术和市场渠道同步努力，形成了稳定、持续且精准的扶贫模式，并将此扶贫模式复制和

四川农业大学薯类活力调控与贮藏技术研发课题组

推广至四川省甘孜、阿坝等市州，种植规模超过 2 000hm^2。项目的成功实施体现了科技扶贫人的落户一处精准一处的扶贫初心与使命，目前项目覆盖地区平均脱贫率超过 94%。脱贫前，人均年收入不到 2 000 元，脱贫后，人均年收入在 5 000 元以上。硕士研究生刘一盛创办的“万春智汇 · 创客空间”在马铃薯等产业技术服务工作中创出特色，被科技部评为“国家级众创空间”。课题组指导的大学生先后获得创新创业国际奖 1 项，国家级奖 5 项，省级奖 15 项。相关事迹受到《中国组织人事报》《四川日报》、四川人民广播电台等媒体报道。

发展特色马铃薯，促进薯类增产增收

沈学善　郑光跃

沈学善博士是河南新乡人，2010 年博士毕业后到四川省农业科学院土壤肥料研究所，长期从事马铃薯、甘薯高产高效栽培技术研究。近年来，在四川薯类创新团队特色薯栽培岗位、四川省育种攻关、四川省农业科学院中试熟化、四川省“三区”人才计划等项目的支持下，在四川省开展马铃薯、甘薯科技扶贫示范推广工作。获四川省农业科学院青年领军人才，创新转化工作先进个人等荣誉。

一、组建通江专家大院，示范马铃薯标准化栽培技术

2018—2020 年，在四川省农业科学院科技成果中试熟化示范工程《通江专家大院建设》等项目资助下，沈学善博士课题组承担扶贫项目资金 106.6 万元，在巴中市通江县空山乡建设四川省农业科学院通江专家大院 1 座。维修专家住宿楼 1

四川省农业科学院通江专家大院

通江专家大院示范区

栋，组培实验楼 1 栋，温网室 8 栋，购置电动叉车 1 台。

沈学善课题组在通江县空山乡建立马铃薯标准化生产示范区 100 亩，引进马铃薯新品种‘希森 3 号’‘兴佳 2 号’‘中薯 5 号’，开展旱地马铃薯标准化生产技术和马铃薯病虫害综合防控技术示范。

课题组针对马铃薯生产上存在的主要问题与难点，通过多年探索，实施了三大创新。

一是技术创新。通过引进国内外新品种、新技术与自主创新相结合，确定了“选用良种、药剂拌种、合理密植、配方施肥、高垄栽培、机械作业、清棵壮苗、二次培土、防治病虫、电商营销”10 项关键技术，在试验示范比较中，形成一套标准化的技术体系，显著提高了马铃薯田间生长整齐度、薯块均匀度、品质及商品率。

二是机制创新。在试验示范过程中，开展了农科教企、产学研协作机制的探索应用，由四川省农业科学院领衔的四川薯类创新团队在空山建立了通江马铃薯专家大院、通江马铃薯工作站，巴中市在空山建立了马铃薯研究所，在当地培育了空山马铃薯专业合作社。该社完成 76.66hm^2 空山马铃薯有机食品认证，是部、省、市 3 级示范合作社，为马铃薯科研、生产及营销搭建良好的平台条件，2018 年带动示范区周边 1 300hm^2 马铃薯增产增收，覆盖 12 个贫困村，帮扶贫困户 412 户。

三是营销创新。为突破过去“增产不增收”“农产品销售难”的瓶颈，引进互联网技术创建电商平台，申报获得“空山马铃薯”农产品地理标志，在加强马铃薯标准化生产的同时，通过电商平台加强品牌的宣传营销，使“空山马铃薯”田间收购价达到 2.4 元 /kg，电商销售价 2.5kg 卖价 19.9 元（包邮）的业绩，在马铃薯价格波动频繁的情况下，近年的销售价一直稳定在 2 元 /kg 以上（近年四川省一些地方高产马铃薯鲜薯仅卖 0.80~0.90 元 /kg）。

二、协助组织创新团队科技扶贫，获 2019 年全国科技助力精准扶贫先进团队

沈学善作为四川薯类创新团队秘书，在首席专家和团队顾问指导下，将科技

助力精准脱贫作为推广服务的重中之重，协助组织全省10家科研院所的薯类专家30人为团队主要成员，在全省开展应急事件处理和产业技术需求调研，有针对性地开展薯类产业技术培训和示范工作。

2019年，组织创新团队专家到贫困地区开展产业技术培训和示范指导驻村时间2 213人·天。针对马铃薯生产和甘薯生产中出现的问题提出应急处理建议8份，向省、市、县撰写24份生产建议与调研报告。扶持专业合作社32个，指导企业22家，主办和承办科技培训班12次，开展各类技术培训125次，培训基层技术人员3 176人次，培训农户4 900余人次，发放技术资料8 000余份。

2020年4月3日，根据全国科技助力精准扶贫工程领导小组办公室下发文件《关于对全国科技助力精准扶贫2019年度工作有关单位和个人予以表扬的通知》（科技助力扶贫办发〔2020〕2号），四川薯类创新团队荣获“全国科技助力精准扶贫2019年度工作先进团队”称号，是四川省唯一受表彰的科研创新团队。

三、撰写贫困地区薯类产业发展建议，被省级部门采纳

马铃薯、甘薯是四川省贫困地区的主要粮食作物之一，但是长期以来，品种混杂退化，栽培技术落后，产量低而不稳，贮藏损失大。针对这些问题，2016年，课题组撰写了《关于大力发展四川省薯类产业的建议》，得到省委副书记和副省长批示，省农业厅采纳提出的建议后向省委作了专报。2017年，课题组撰写的《供给侧改革与现代绿色薯业技术创新》专著中提出的川薯产业发展建议，分别被中共四川省委农村工作委员会和四川省农业技术推广总站在制定四川省川薯产业发展规划文件中采纳。2020年2月，在抗击新冠肺炎疫情，保春耕期间，课题组撰写的《新冠肺炎疫情对四川马铃薯产业的影响及对策建议》，提出了加强冬马铃薯田间管理和确保春马铃薯抢时播种并加强后期田间管理的应急短期建议和强化专用品种选育、三级脱毒种薯繁育、绿色栽培技术创新等科技投入和关键技术攻关，加强马铃薯基地建设和新型经营主体培育，建立马铃薯无人机植保统防统治体系，加快马铃薯全程机械化生产进程，寻求加工技术创新与突破等四川省发展马铃薯

新冠肺炎疫情期间到马铃薯示范基地调查苗情

产业的长期建议，得到副省长批示。

四、在全省开展马铃薯新品种新技术示范，增产增收效果显著

2015—2020 年，四川省农业科学院土壤肥料研究所与南充市农业科学院、绵阳市农业科学研究院、成都市农林科学院、凉山州西昌农业科学研究所、达州市农业科学研究院等单位合作，在四川省 12 个县（区）建立了 1 个核心区，2 个示范区和 9 个辐射区，累计示范面积 143.13hm^2（表 1）。主要示范紫马铃薯稳产高效栽培关键技术、春秋冬马铃薯高产高效栽培技术、盆周山区马铃薯“六改”关键栽培技术、马铃薯全程机械化生产技术等 4 项由课题组集成创新的四川省农业主推技术。示范区马铃薯增产幅度为 15.87%~291.75%。

表 1　多年多点马铃薯新品种新技术示范情况

序号	示范地点与旱地两熟种植模式	示范年份	品　种	面　积（hm^2）	产　量（kg/hm^2）
核心区	金堂县竹篙镇“紫马铃薯—紫甘薯”	2015	蓉紫芋 5 号	2.66	24 240
		2016	蓉紫芋 5 号	6.66	14 895
		2017	蓉紫芋 5 号	1.00	6 945
		2018	蓉紫芋 5 号	2.66	15 675
		2019	蓉紫芋 5 号	1.00	26 700
		2020	蓉紫芋 5 号	1.00	26 100
示范区 1	通江县空山乡“春马铃薯—苦荞（玉米）”	2017	中薯 2 号	6.66	33 405
		2018	希森 3 号	6.66	75 570
		2019	兴佳 2 号	6.66	48 405
示范区 2	昭觉县洒拉地坡乡、城北乡、四开乡“春马铃薯—蔬菜”	2017	青薯 9 号	3.33	34 650
		2018	青薯 9 号	3.33	34 275
		2019	青薯 9 号	0.66	46 290
		2019	川凉薯 10 号	2.66	32 400
辐射区 1	理县薛城镇“果树—紫马铃薯”	2017	蓉紫芋 5 号	1.46	28 125
辐射区 2	仪陇县光华乡“马铃薯—蔬菜”	2016	早大白	20.00	35 235
辐射区 3	顺庆区李家镇“马铃薯—蔬菜”	2017	费乌瑞它	13.33	31 695
		2018	费乌瑞它	20.00	33 420
辐射区 4	西充县东岱乡“马铃薯—蔬菜”	2019	费乌瑞它	5.33	43 815
辐射区 5	嘉陵区土门乡“冬马铃薯—蔬菜”	2020	费乌瑞它	1.33	29 700
辐射区 6	峨边县宜坪乡“马铃薯—玉米”	2017	青薯 9 号	6.66	25 110
辐射区 7	万源市茶垭乡，官渡镇“马铃薯—蔬菜”	2018	希森 3 号	6.66	65 010
		2019	达芋 2 号	6.66	35 535

（续表）

序号	示范地点与旱地两熟种植模式	示范年份	品　种	面　积（hm^2）	产　量（kg/hm^2）
辐射区 8	甘孜县拖坝乡“马铃薯—蔬菜”	2018	川芋 64	3.33	55 575
辐射区 9	盐亭县毛公乡、高渠镇“冬马铃薯—蔬菜”	2019	费乌瑞它	6.66	50 355
		2020	费乌瑞它	6.66	54 360

在核心区、示范区和辐射区马铃薯示范中，不同品种增产幅度不同。对紫色马铃薯品种‘蓉紫芋 5 号’，除 2017 年测产点为有机马铃薯生产示范点外，其余年份示范点增产幅度为 21.09%~127.27%。对推广面积较大的高产品种‘青薯 9 号’，除 2017 年峨边县为套作马铃薯外，其余年份示范点净作增产幅度为 15.87%~56.49%。对引进的超高产品种‘希森 3 号’，增产幅度为 237.01%~291.75%。其他品种（‘川凉薯 10 号’‘达芋 2 号’‘中薯 2 号’‘兴佳 2 号’‘费乌瑞它’‘早大白’‘川芋 64’）的增产幅度在 53.96%~188.10%，均达到了增产 20% 的高产目标（表 2）。

表 2　多年多点马铃薯新品种新技术示范增产情况

类型	示范品种	区试产量（kg/hm^2）	2016 年全省平均产量（kg/hm^2）	示范区产量（kg/hm^2）		较区试增产（%）		较全省平均增产（%）	
				最低	最高	最低	最高	最低	最高
紫色薯	蓉紫芋 5 号	12 375		14 985	28 125	21.09	127.27		
省审	青薯 9 号	29 580		34 275	46 290	15.87	56.49		
省审	川凉薯 10 号	22 140		32 400		46.34			
省审	达芋 2 号	25 245		35 535		40.76			
引进	希森 3 号		19 290	65 010	75 570			237.01	291.75
引进	中薯 2 号		19 290	33 405				73.17	
引进	兴佳 2 号		19 290	48 405				150.93	
引进	费乌瑞它		19 290	29 700	54 360			53.96	181.80
引进	早大白		19 290	35 235				82.65	
新品系	川芋 64		19 290	55 575				188.10	

新冠肺炎疫情期间到凉山州
越西县植保培训

新冠肺炎疫情期间到绵阳市盐亭县指导
马铃薯机械化收获

2020 年课题组在昭觉县开展马铃薯机械化收获示范

脱贫攻坚，小红薯绽放大能量

丁　凡　陈年伟

丁凡，研究员，是绵阳市有突出贡献的中青年拔尖人才，四川薯类创新团队岗位专家，主要从事薯类遗传育种、高产栽培技术研究及示范推广工作。

一、广泛开展调研，找准产业发展问题

四川甘薯常年种植面积在 53 万 hm^2 左右，是全国甘薯生产第一大省，甘薯作为口粮和饲料为四川省经济发展做出了重要贡献，但是随着经济的发展，甘薯品种杂而不专、品种退化、栽培技术落后、产量低而不稳、经济效益不高等问题制约了四川省甘薯产业发展。针对这些问题，课题组在四川省的绵阳、广元等地开展广泛调研，根据产业发展问题，丁凡撰写了《推广集约化早育苗技术，促进甘薯种植水平提升》《绵阳市紫色甘薯发展的成效与建议》等多篇生产建议，指出四川省甘薯生产中存在的问题，总结课

丁凡在甘薯生产基地调研

题组在甘薯生产中的得失，促进新品种、新技术的推广，助力甘薯高质高效发展，带动农民增收。

二、推广新品种，促进品种更新换代

农以种为先，品种是产业发展的关键，针对四川省甘薯品种多而不专，产销脱节等问题，课题组通过加大甘薯新品种选育，广泛引进新品种，2014 年至今，共引进各类新品种 100 余个，在绵阳各区县市开展了大量品种筛选试验，筛选出‘济薯 26’‘烟薯 25’‘渝红心薯 4 号’‘万薯 10 号’和‘广薯 87’等鲜食型品种，‘商薯 19’‘渝薯 198’‘渝薯 27’等淀粉型品种，‘绵紫薯 9 号’‘川紫薯 6 号’等紫色甘薯品种，这些专用型品种不仅高产，而且优质专用，非常符合四川省甘薯产业发展需求，以四川薯类创新团队为依托，在绵阳、广元等地的专合组织、家庭农场等新型经营主体进行了大面积的示范推广，带动甘薯品种的更新换代。

2019 年，四川省种子管理站在本课题组基地组织全省甘薯优良品种现场观摩、食味评价会

三、研发新技术，促进甘薯提质增效

四川省甘薯主要种植在丘陵坡地上，农户长期以来一直有等雨栽插的习惯，导致栽插期偏晚，使得甘薯产量不高，效益较低，降低了农户种植积极性。因此，研发甘薯高产高效栽培技术，促进甘薯提质增效，带动产业发展，帮助农户增收

课题组在梓潼县召开甘薯大棚双膜育苗现场会

致富迫在眉睫。课题组根据甘薯生长特点，一是在省内率先开展了大棚双膜、大棚三膜育苗技术研究，通过早育带动早栽、早收和高产高效，并进行了广泛的技术培训。二是甘薯栽后浇水劳动强度大是导致甘薯等雨栽插的主要原因，为了能够提早甘薯栽插，降低栽插劳动强度，课题组开展了甘薯蘸根免浇栽培技术研究。通过提早育苗、提早起垄增墒，实现甘薯干栽，减少浇水环节，提高了栽插效率，降低了劳动强度，实现节本增效。

为了加速新品种、新技术的推广，课题组在省内建立了 7 个甘薯种植示范基地，总面积 2 600 亩，带动了四川省甘薯产业发展（表 1）。

表 1　甘薯示范区情况统计

示范片名称	时　间	面积（亩）	示范新技术名称
盐亭县高渠镇核心示范基地	（2017 年至今）	100	甘薯早育早栽高产高效栽培技术；甘薯早栽早收技术
安州区花荄镇益昌薯类种植专业合作社	（2015 年至今）	300	紫色甘薯高产高效栽培
盐亭县五龙乡云强红薯种植专业合作社	（2015 年至今）	300	淀粉型甘薯早育早栽栽培技术
梓潼县仙峰乡南沟溪家庭农场	（2017 年至今）	300	淀粉型甘薯早育早栽栽培技术
三台县争胜乡胜丰红薯种植专业合作社	（2015 年至今）	500	淀粉型甘薯早育早栽栽培技术
三台县景福镇双手磨村	（2017—2018 年）	100	紫色甘薯高产高效栽培
苍溪县（鸳溪农机合作社等 13 个合作社）	（2017 年）	1 000	紫色甘薯高产高效栽培

四、亩产过万斤，四川省甘薯高产高效栽培显成效

为了实现四川省由农业大省向农业强省跨越，2018 年四川省一号文件提出了“五个振兴”。绵阳市农业科学研究院积极响应，主动作为，全方位推进农业科技创新工作。为配合“两薯”提升行动，课题组在盐亭县两河镇五一村建立了甘薯新品种新技术示范区，集中开展优质专用高产甘薯新品种的引种示范与高产展示工作。2018 年共引进全国各种类型甘薯新品种 25 个，并进行了‘商薯 19’‘川薯 221’‘绵紫薯 9 号’和‘苏薯 16’等优良品种的高产高效栽培技术示范展示。2018 年 11 月 6 日，课题组邀请国家甘薯产业技术体系首席科学家马代夫研究员、岗位专家李育明研究员和谭文芳研究员，四川薯

国家甘薯产业技术体系首席专家马代夫研究员考察盐亭基地

亩产过万斤！四川省甘薯高产高效栽培显成效

日期：2018-11-06 17:07 作者： 来源：四川省农业厅 【字号：大 中 小】 打印本页

为了实现四川省由农业大省向农业强省跨越，2018年四川省一号文件提出了“五个振兴”。绵阳市农业科学研究院积极响应，主动作为，全方位推进农业科技创新工作。为配合“两薯”提升行动，绵阳市农业科学研究院在盐亭县两河镇五一村建立了甘薯新品种新技术示范片，集中开展优质专用高产甘薯新品种的引种示范与高产展示工作。今年共引进全国各种类型甘薯新品种25个，并进行了商薯19、川薯221、绵紫薯9号和苏薯16等优良品种的高产高效栽培技术示范展示，示范

农业农村部网站对课题组甘薯高产高效栽培成效进行报道

类创新团队首席专家黄钢研究员，农业农村部薯类专家指导组成员卢学兰研究员等专家对示范区现场测产，淀粉型品种‘商薯19’鲜薯产量达78 709.35kg/hm^2，创四川省甘薯高产纪录；优质食用型紫色甘薯品种——‘绵紫薯9号’产量达56 451.60kg/hm^2。新品种的高产高效示范效果得到了专家们的肯定，让与会者惊叹不已，人们期盼的“万斤苕”成为现实。

五、科企对接，促进贫困地区农户增收

产业发展中最重要的问题是产品销售问题，为了解决农户甘薯产品销售问题、企业原料短缺问题，2017年课题组与成都新威信都市农业发展有限公司、苍溪县农业局进行多次对接，在省级贫困县——苍溪县发展特色紫薯订单生产，形成“政府部门+科研单位+企业”的订单农业生产模式。县农业局负责组织合作社、农户进行生产，科研部门负责示范片技术培训、技术指导，企业负责提供种薯与产品回收，最后发展‘绵紫薯9号’订单农业66.67hm^2。收获期测产，‘绵紫薯9号’平均产量30 000kg/hm^2左右，按照订单收购价1.6元/kg计算，产值48 000元/hm^2左右，为全县产业发展和脱贫攻坚发挥了积极的作用。

三台县景福镇双手磨村是绵阳市的贫困村，2016年，课题组在该村进行‘绵紫薯9号’试种，收获期产量达45 000kg/hm^2以上，获得成功，农户种植积极性很高。为此，课题组推荐该村与安州区益昌薯类种植专业合作社合作，来发展紫薯种植，2017年发展基地6.67hm^2，‘绵紫薯9号’产量35 075.85kg/hm^2，合作社按订单收购，为贫困村带来良好的收益。

新品种、新技术的迅速推广，离不开技术培训、技术指导与技术服务，2014—2020年，课题组积极到广元市苍溪县、绵阳市各区县的插花式贫困村开展甘薯新品种示范展示和栽培技术培训，累计开展培训30余次，培训各类人员1 000余人，发放技术资料500余份。

强化科技成果转化，推进产业转型升级

徐成勇

徐成勇研究员是四川薯类创新团队马铃薯育种岗位专家，美姑县依色村驻村农技员，昭觉县、美姑县、布拖县科技特派员，布拖县“三区”人才科技人员、四川省专家服务团专家、科技扶贫万里行专家。他积极投身于科技产业扶贫工作，围绕凉山马铃薯产业发展六大技术需求，加强科技引领，成果转化，推进产业转型升级，强化技术培训与示范，建立4个原种繁育种薯基地、4个标准化高产栽培基地、2个马铃薯全程机械化生产基地，加大新品种、新技术、新模式、新机制推广，辐射带动成效显著。指导企业5家、专合社7个，撰写4份生产建议得到各级领导批示，为凉山乡土人才培养、脱贫奔康提供了重要的智力支撑。2017年被评为凉山州“省五个一”帮扶力量驻村农技员先进个人，2018年被凉山州科学技术局评为凉山州“三区”科技人员先进个人，2019年四川薯类创新团队荣获“全国科技助力精准扶贫2019年度工作先进团队”称号，2020年被四川省科技厅评为四川省科技特派员先进个人。

一、强化科技成果转化，加大新品种新技术推广力度，为脱贫攻坚提供技术支撑

（一）马铃薯新品种示范

课题组在昭觉县、美姑县试种‘青薯9号’，对该品种的抗性进行多年跟踪，

徐成勇在分发‘川凉芋13号’原原种

该品种较当地主推品种平均增产7 500kg/hm^{2}以上。2016—2020年示范专用特色马铃薯新品种15个，筛选出适合高寒山区推广种植的高淀粉品种‘川凉薯10号’、特色品种‘吉黑’，鲜食型品种‘川芋19号’；适合安宁河、金沙江流域种植冬作菜用品种‘丽薯6号’‘川凉薯9号’‘川凉芋13号’。

2020年春季，面临严峻的新冠肺炎疫情防控形势，在做好自身疫情防控工作的同时，强化科技成果转化，积极将马铃薯新品种‘川凉芋13号’在生产上推广应用，于2月10—22日将价值17.55万元，单个薯块10g以上‘川凉芋13号’原原种种薯37.4万粒安全送至凉山州、甘孜州、丽江市的13个县（市）26个乡（镇）的村委会，配合村委会分批次将种薯发放到示范种植农户，同时采取多种方式对农户进行该品种栽培技术培训，此批种薯能扩繁原种6.2hm^2，助力马铃薯产业发展。

（二）马铃薯全程机械化生产技术示范

在凉山州，由于人员外出务工，从事农业生产的劳动力缺乏以及长期形成的粗放式种植方式难以改变，马铃薯产业转型升级较为困难，针对凉山生产上推广的大垄双行1m开厢起垄的净作种植模式，订制了首台轮距1mTE-454拖拉机、2CM-1/2播种机、1JH-110杀秧机、4U-80收获机在凉山深度贫困地区的昭觉、布拖、普格、盐源等县开展“脱毒良种、2CM-1/2播种机、增施有机肥、统防晚疫病、4U-80收获机收获”等马铃薯全程机械化生产关键技术示范，小型机械1台1天能播种1.6~2.6hm^2、除草3~3.3hm^2、喷药10~12.6hm^2，较人工操作工作效率大大提高，目前在一些产业园区、家庭农场和示范基地，小型机械化播种

徐成勇在指导马铃薯机械化播种示范

徐成勇在指导马铃薯机械化收获示范

收获已经运用成熟，并逐步辐射。

2018 年 7 月 26 日，课题组在昭觉县城北乡洼古村实施的 2.3hm² 马铃薯全程机械化生产技术示范现场测产，平均鲜薯产量 26 310kg/hm²，比对照增产 32.88%。2018 年课题组在布拖县特木里镇开展的马铃薯全程机械化生产技术示范区，平均鲜薯产量 38 175kg/hm²，比对照增产 25.42 %。

（三）马铃薯轻简化栽培技术示范

针对农村劳动力不足，因地制宜，选用可控转向式田园管理机，实现马铃薯轻简化栽培，一台田园管理机一天起垄、培土可达 0.66hm²，相当于 20 个壮劳动力，油费 40 元，机械操作手工资 120 元，起垄成本仅 240 元 /hm²，降低了劳动力成本，减轻了劳动强度，提高了劳动生产率。该技术先后在宁南、西昌、昭觉、

越西县古尔乡和宁南县景星乡马铃薯轻简化栽培技术示范

越西、布拖、美姑、木里示范推广，目前宁南大行桑套冬马铃薯生产、西昌早春马铃薯生产基本采用该技术。

（四）马铃薯无人机晚疫病防控技术示范

2017 年 5 月 22 日，课题组首次引进四川省农业科学院植保所无人机在昭觉县马铃薯育种基地、喜德县贺波洛乡进行马铃薯晚疫病防控技术示范。2019 年 5 月 10 日，课题组在昭觉县城北乡和四开乡、布拖县补尔乡洛堵村实施马铃薯无人机晚疫病防控技术示范，投入大疆无人机两架，每架载药水量 15L，每次飞行时间 8~10min，喷洒农药作业面积在 $0.66hm^2$ 左右；使用马铃薯晚疫病保护防治药剂米多达（烯酰.氟啶胺，其中烯酰吗啉含量 25%，氟啶胺含量 15%），用量 1 $500mL/hm^2$，每 100mL 兑水 1 L。

昭觉县城北乡和高山作物站无人机防治马铃薯晚疫病示范

无人机通过远距离遥控操作，作业高度可自由调节，药滴漂移少，旋翼产生的下旋气流有助于提高药滴对作物的穿透性，保障喷洒作业人员安全的同时可节省水和农药使用量 50% 以上，防治效率是地面机具防治效率的 5~7 倍，每天可防治 $20\text{~}33hm^2$，具有效率高、节水节药、喷洒均匀、节省劳动力等特点，无人机的远距离遥控操作功能也避免了人工长时间接触农药带来的伤害。通过示范推动了布拖县马铃薯晚疫病统防统治无人机体系的建立。

（五）大春马铃薯原种生产覆膜集雨保墒高效栽培技术示范

采用半膜全生育期覆盖，利用薄膜集雨保墒，汇春季无效降雨为有用水源。

选用优质壮龄 5~10g 的马铃薯原原种，双行错窝膜上打孔种植，施足底肥，覆膜前喷施苗前除草剂，膜孔覆土，适时中耕培土形成高垄；控上促下、病虫害综合防治、适时收获等。该技术在低纬度高海拔春旱地区应用，克服了春旱对马铃薯出苗的影响，出苗率 92.5% 以上。种植的马铃薯较不覆膜栽培提前出苗 20~25d，植株开花提前 6d 左右，减轻了生育中后期晚疫病的危害。2017 年，课题组在省级示范社—盐源县华刚马铃薯专业合作社采用大春马铃薯原种生产覆膜集雨保墒高效栽培技术种植青薯 9 号原原种 $106hm^2$，平均产量 48 150kg/hm^2，较全县大春马铃薯平均增产 148%，示范效果显著。

二、强化本土人才素质提升技术培训，为脱贫攻坚奠定人才基础

结合马铃薯种子质量提升工程技术培训，农业农村部“四川省凉山州农业科技示范园”项目、马铃薯全程机械化生产技术及主要机械操作培训会、新型农民素质提升工程、科技下乡活动、四川省专家服务团精准扶贫暨“回头帮”、决战决胜脱贫攻坚走进凉山等活动，开展技术培训 59 次，培训农技人员 867 人次、农户 4 878 人次、农机手 10 人，发放资料 4 885 份。

布拖县四川科技扶贫在线农技人员业务提升培训和昭觉县科技扶贫万里行培训

三、加强技术服务、解决马铃薯产业发展中的技术瓶颈问题

布拖县扑尔乡嘎且村进行马铃薯种植技术指导

喜德县乃加村进行马铃薯种植技术指导

金阳县马依足乡迷科村进行马铃薯种植技术指导

开展巡回技术指导81次，指导企业5家、指导专合社7个，应急处理13次，培育马铃薯种植科技示范户；采取“种植户提需求、专家上门服务”方式，利用手机、QQ、微信、在线答疑等同步为广大农户提供技术服务指导，有的放矢的解决马铃薯产业发展中的技术瓶颈问题。

通过对凉山马铃薯主产区田间植株晚疫病采样，明确了马铃薯晚疫病菌生理小种组成及优势种群，为马铃薯晚疫病科学防控提供科学依据。根据凉山马铃薯晚疫病发病规律，密切关注四川省马铃薯晚疫病预测预报网预警信息、在马铃薯生产关键时期到主产区的多个片区开展马铃薯晚疫病发病情况摸底调查，张贴马铃薯病害防治明白纸，及时通过微信工作群、手机短信平台、科技在线平台等方式向驻村农技员、广大农民宣传防治技术，科学用药，做好马铃薯晚疫病防治工作。

四、推进马铃薯种薯基地建设、强化技术服务、保证种薯质量、确保农民增收

扎实推进凉山马铃薯种薯基地的建设，推进马铃薯产业持续健康发展。整合

项目资金资源和科技人才，与凉山州西昌农业科学研究所、四川农业大学、四川省农业科学院、南充市农业科学院组成科技扶贫马铃薯产业专家技术服务团队，全方位为凉山马铃薯产业源头—种薯生产开展科技服务，助推产业发展，成效显著。

2016 年，指导的美姑县农作乡依色村马铃薯良种基地 67.7hm^2，调出种薯 487t，其中借薯还薯 203t；种薯销售 284t，销售收入 45 万元，全村户均收入 1 577 元，人均收入 462 元。

2017 年，指导的美姑县合姑洛乡齐色村原种基地 33hm^2，种植户 101 户，平均产量 37.5t/hm^2，总产 1 250t，销售原种 1 000t，单价 2 元 /kg，收入 200 万元，种植户户均收入 19 801 元。

2018 年，指导的美姑县农作乡依色村 18.8hm^2 ‘青薯 9 号’ 一级种薯生产，平均产量 35 250kg/hm^2，总产一级种薯 646.25t，总产值 103.4 万元，扣除投入肥料 4.125 万元，总收入 99.27 万元，全村人均收入 960 元。

2019 年，指导的美姑县乐约乡波莫村村集体经济马铃薯良种高效繁育示范片平均产量 55 500kg/hm^2，种薯按本县调拨价 1 600 元 /t 计，产值达 5 920 元 / 亩，经济效益显著。2019 年，指导的美姑县井叶特西乡沙马乃拖村马铃薯原种基地，平均亩产 2 188.8kg，按每千克 2.0 元的县农业农村局调拨回收价，产值 6.56 万元 /hm^2，改变了该村马铃薯长期 15 000kg/hm^2 左右的低产局面。

付出是幸运，需要是价值

——凉山洋芋产业扶贫记

夏江文　余显荣

2016—2020年的脱贫攻坚中，凉山州西昌农业科学研究所夏江文同志以驻村农技员及帮扶责任人的身份从新品种引进试验、示范、推广，新技术培训等方面进行科技扶贫工作。余显荣同志以驻村农技员、“三区”人才、科技扶贫万里行农技专家、党员结对帮扶干部等身份，以送科技技术、种子、农药、建言献策、扶贫捐款、以购代捐、送生活用品等多种形式活动在脱贫攻坚一线，用自己的实际行动助力脱贫攻坚，并在日常走村进户和田间地头用镜头为老乡记录幸福笑脸的瞬间。余显荣同志获中共四川省委、四川省人民政府2016年全省脱贫攻坚“五个一”驻村帮扶先进个人表扬。

一、马铃薯节水灌溉水肥一体化和机械化收获新技术示范

2019年，课题组在越西县普雄镇呷拖村开展节水灌溉水肥一体化新技术示范，平均产量50 610kg/hm^2，较周边传统种植区增产50.41%，扣除增加的成本7 500元/hm^2，增收15 000元/hm^{2}左右。

2020年，课题组在会理县内东乡崩崩山村开展马铃薯新品种‘丽薯6号’水肥一体化、全程机械化节水栽培技术示范，核心技术是“脱毒低代种薯、切块药剂拌种、适时播种、高厢双行垄作、地膜覆盖、重施有机肥、水肥一体化、全程

机械化”。6月23日现场测产，平均产量60 930kg/hm^2，商品薯率88.61%，较农户传统栽培方式增产68.11%，商品薯率提高7.38个百分点，提早上市30天，增收22 500元/hm^2。该示范为海拔2 400m以上的高寒山区获得马铃薯高产提供了良好的技术支撑。

二、马铃薯低代脱毒种薯繁育技术示范

课题组整合项目资源，2016—2020年，累计为越西县普雄镇呷拖村提供马铃薯低代脱毒种薯75t，帮助贫困村民增收20万元。2019年推广马铃薯品种‘青薯9号’，为140户贫困户及科技示范户发放7.5t脱毒种薯，并进行高产栽培技术培训。收获期测产，平均产量31 785kg/hm^2，比当地主推品种增产37.33%，增收7 500元/hm^2。

夏江文在会理县指导水肥一体化管网安装和马铃薯机械化收获

三、任越西县驻村农技员，获2016年全省脱贫攻坚“五个一”驻村帮扶先进个人

2015年10月，余显荣同志刚一接到被派往越西县板桥乡大岩村任驻村农技员的通知，就思考该如何进行科技帮扶及如何把课题工作与扶贫结合起来。具体方案如下。

（一）深入调研，明确方法，科学规划进度快

逐户调研获取一手资料：掌握了贫困村生产现状、存在问题和产业扶贫技术需求等情况。

走访贫困户分类建档：摸清致贫原因，根据因灾、年老体弱、疾病、残疾、人多地少等致贫原因，将贫困户分类建档。

因地制宜按需定制对策：请贫困户填写需求申请表，依据各贫困户的具体情况，结合当地自然条件，提出“因地制宜、宜农则农、宜畜则牧”的参考性规划意见，与村第一书记、村两委和贫困户共同商讨，制定方案到户的脱贫对策。

共谋助推规划任务书：与第一书记、村委会、县畜牧局共同拟定村脱贫规划，制订产业规划任务书。

全力助推大岩村在2016年实施完成了以下扶贫规划任务：“1+X产业”5亩找钱地，每户种植5亩核桃；“借畜还畜”每户养殖5只母羊；马铃薯、玉米、核桃种植、羊养殖技术集中培训。

（二）引入马铃薯新品种，应用新技术，增产增收成效好

2016年先后2次为4个贫困村（大岩、瑶村、呷拖、梅花）提供马铃薯新品种‘青薯9号’20t，在4个贫困村建科技示范户，开展马铃薯抗旱增产增收综合集成技术示范，‘青薯9号’示范地产量较非示范地增产44%~56%，新品种深受

课题组为贫困村送种薯

老乡欢迎。2016 年 8 月 23 日，《凉山日报》以“越西大岩村试种‘青薯 9 号’喜丰收”报道了课题组的扶贫工作。

（三）培训为基，意识先行，筑梦追梦人人赞

余显荣同志在越西县定点驻村帮扶的大岩村工作中，对农户进行集中培训和单户、单人不拘形式的培训方式，先后培训 400 余人次、发放技术资料 400 余份。具体做法是：先进行跨行学习（非专业的技术），并邀请省、州、县农牧专家进行培训。组织开办“夜校 + 专题讲座”：围绕农村实用技术，开展农技讲座。把自己当作村里的一员，与老乡融入一体，了解他们的生产、生活、经济收入、子女入学等问题。常常鼓励老乡：在党和政府的扶贫政策帮扶下，种好庄稼、养好牲畜，走勤劳致富之路过上好日子；少生优育，教育培养好子女，有更多的山里娃考上大学；鼓励年轻人走出去打工，既可增加收入，也开阔眼界学到技术，同时也把外界的新观念、新知识带回家乡；对老乡进行普法教育、禁毒防艾、五讲四清宣传，共建树文明新村。

（四）围绕中心、服务大局，舍己克难扶贫先

积极配合县乡村各部门开展扶贫工作，使大岩村农牧业发展各项脱贫措施顺利完成，协助大岩村 2016 年各项任务达到脱贫国家指标。在扶贫中，尽管她年龄大身体差，但仍带病坚持工作，放弃了周末和节假日，放弃了家人生病住院需要照顾陪伴，放弃了参加公婆金婚庆典等家庭重要活动，坚持把扶贫工作放在首位。

（五）督导验收获好评

越西县大岩村多次接受国务院督查组及省、州的督导、检查、验收。余显荣同志在驻村帮扶工作中尽自己所能地开展帮扶工作，得到督导组和老乡的好评，获中共四川省委、四川省人民政府 2016 年全省脱贫攻坚“五个一”驻村帮扶先进个人表彰。

四、参加“三区”人才、科技扶贫万里行活动，获凉山州“三区”科技人员先进个人

2018—2020年，余显荣同志作为凉山州“三区”人才、“科技扶贫万里行”专家，先后在凉山州的布拖、昭觉、喜德、金阳等深度贫困县开展帮扶工作，多次被凉山州媒体报道，2018年被评为凉山州“三区”科技人员先进个人。

（一）布拖县结对子帮扶补尔乡洛堵村

2018—2019年，在布拖县补尔乡洛堵村结对子开展科技帮扶工作。为洛堵村10户贫困户捐赠马铃薯新品种‘青薯9号’原种5t，复合肥2t，发放2.6hm^{2}马铃薯晚疫病防治药剂，示范马铃薯轻简化高效栽培技术和晚疫病防治技术，在村委会及村头路边显眼处张贴马铃薯主要病虫害防治明白纸，培养种植户树立马铃薯病虫害防治意识。

2018年1月31日，在布拖县技术培训

雷波：

大力发展小水果种植

四川薯类创新团队深度扶贫对接

助力贫困户脱贫致富

2017年12月22日，《凉山日报》报道扶贫对接贫困户工作

（二）重点帮扶布拖县马铃薯原种繁育基地

针对拖觉镇日拍村、乐安乡伟子坡村、补洛乡沙合洛村和吉为谷村等马铃薯原种繁育基地前期干旱导致出苗推迟1月左右，雨季连阴雨诱发晚疫病的情况，提出在开花期和收获期去杂、去劣确保种薯质量；加强田间管理，做到田间无积

2018 年 6 月 12 日，在布拖县拖觉镇田间调查及晚疫病防控培训

水，降低田间湿度；加强马铃薯晚疫病防治，力保品种的有效生育期，减少产量损失等生产建议。

（三）技术帮扶布江蜀丰生态农业科技有限公司开展马铃薯良种繁育

针对繁种基地未进行中耕，垄沟杂草过多的问题，提出采用适宜机型的中耕培土机进行中耕培土，增加结薯层，避免“青头薯”；清除田间杂草降低田间湿度，减少病害发生的条件；密切关注晚疫病预测预警系统，结合田间调查，做好马铃薯晚疫病防控，力保品种的有效生育期，发挥品种最佳生产潜力等建议。

（四）在布拖县低山河谷发展冬马铃薯基地

龙潭镇气候适宜发展冬马铃薯种植。在凉山州西昌农业科学研究所大力支持下，2015 年，课题组为该镇引进马铃薯新品种‘丽薯 6 号’，由于种植效益显著，

布拖县冬马铃薯高产栽培技术培训留影

布拖县冬马铃薯高产田收获的高产单株

2018 年 1 月，组织贫困县农机手参加马铃薯机械化生产技术培训

荣誉证书

余显荣同志：

在 2018 年度“三区”科技人员专项工作中表现突出，被评为凉山州“三区”科技人员

先进个人

特发此证，以资鼓励。

凉山州科学技术局
二〇一九年三月

余显荣获凉山州“三区”科技人员先进个人

经过三年的发展，种植面积已达 20hm^2，有力促进了当地冬马铃薯产业发展。

（五）组织贫困县农机手参加马铃薯全程机械化生产技术及主要机械操作培训班

2018 年 1 月 20—23 日，余显荣与岗位专家徐成勇共同组织布拖县特木里镇各则村、布拖县布江蜀丰现代农业科技示范园、昭觉县、盐源县的 10 名农机手到成都市双流区参加由四川薯类创新团队主办的马铃薯全程机械化生产技术及主要机械操作培训班，让学员掌握了马铃薯全程机械化农机操作技术，并开阔了眼界。

（六）布拖县马铃薯新品种新技术示范

一是开展马铃薯全程机械化生产技术 + 晚疫病综合防治技术示范，2018 年 7 月 12 日，由布拖县农牧局组织现场测产，示范区平均产量 19 395kg/hm^2，比对照（人工种植、未进行晚疫病防控）增产 55.42 %。二是冬马铃薯专用品种‘丽薯 6

2018 年 7 月 12 日，四川薯类创新团队首席专家黄钢研究员带专家组到示范区考察

号’原种生产示范，平均产量 32 190kg/hm^2。

（七）昭觉县马铃薯机械化生产示范

2018 年 3 月 5 日，邀请四川省农机化技术推广总站任丹华研究员在城北乡洼古村开展马铃薯机械化播种现场培训，山东德州希森天成公司技术人员指导农机手操作示范，机播示范面积 2hm^2，培训农民 180 人，发放高产栽培技术资料 150 多份，发放复合肥 180 袋。7 月 24 日，现场测产，马铃薯全程机械化生产技术 + 晚疫病综合防治技术示范平均鲜薯产量 26 317kg/hm^2，比对照（人工种植、未进行晚疫病防控）增产 32.88 %。

2018 年 3 月 5 日，在昭觉县城北乡开展马铃薯机械化播种培训

2018 年 7 月 25 日，昭觉县机收培训

背着幺儿去扶贫，博士妈妈的无悔青春

屈会娟　吴　洁　朱　玲

屈会娟博士是河南人，2010年博士毕业后加入四川省农业科学院生物技术核技术研究所甘薯课题组，长期从事甘薯、马铃薯调优高效栽培技术的研究与示范推广工作。近年来，依托四川薯类创新团队、四川省“十二五”“十三五”育种攻关、四川省农业科学院中试熟化、四川省“三区”人才计划等项目，甘薯课题组在全省开展甘薯提质增效栽培技术示范推广工作，并参与凉山州马铃薯产业技术扶贫工作，助力薯类产业脱贫攻坚。在科技扶贫工作中，屈会娟博士获四川省农业科学院科技支撑精准脱贫先进个人、创新转化工作先进个人，凉山州“三区”科技人员先进个人等荣誉，主研参加的科研成果《优质专用甘薯产业关键技术创新与集成推广》获2018年四川省科技进步一等奖。

一、背着幺儿去扶贫，80后博士妈妈的无悔青春

作为响应国家“二胎”政策的科研人员，屈会娟博士带着二胎宝宝一起坚定地在薯类产业脱贫攻坚的道路上前行，背着幺儿去扶贫，这也是80后博士妈妈青春中的一道风景。为了能兼顾事业和孩子，2016年5月5日，屈会娟博士在孕期到简阳市青龙镇贫困村做田间技术指导，由于路途颠簸导致胎动，回去后就被医生勒令卧床休息了一个月。孩子出生后，屈会娟博士更是经常带着孩子到试验

2017 年 4 月，在西充县马铃薯试验田

2017 年 6 月，屈会娟在安居区永丰绿色五二四红苕专业合作社开展技术培训

2017 年 7 月，在昭觉县洒拉地坡乡马铃薯现场测产

2017 年 8 月，在金堂县竹篙镇薯类科研试验基地

2017 年 10 月，在安居区五二四红苕专业合作社测产现场

2018 年 11 月，在金堂县竹篙镇甘薯收获现场

2019 年 7 月，屈会娟博士、王晓黎博士带着孩子在昭觉县马铃薯示范基地

基地和扶贫帮扶村开展扶贫调研和培训工作。2017 年 4 月，到南充市西充县调查马铃薯示范地田间长势；6 月，随生核所甘薯科研团队前往遂宁市安居区永丰绿色五二四红苕专业合作社中兴分社开展技术培训；7 月，随四川薯类创新团队首席专家黄钢研究员参加凉山州昭觉县洒拉地坡乡尔打火村马铃薯高产高效栽培技术示范现场测产；10 月，组织遂宁市安居区会龙镇粉房村 300 亩旱地薯类两熟新模式中有机 524 红苕现场测产。2019 年 7 月，再次到凉山州昭觉县开展马铃薯晚疫病防治培训工作。此外，还多次带着孩子到金堂县薯类栽培科研试验基地开展工作。

二、扶持新型经营主体，聚力四川特色甘薯产业发展

甘薯是四川省贫困地区主要作物和广大薯类主产区农民增收致富的重要作物，大力发展优质专用甘薯产业，通过利益联结机制构建价值不断提升的甘薯产业科技价值链，是带动农民可持续增收，实现脱贫奔康的有效途径。多年来，四川省农业科学院生核所甘薯课题组将安居、安州等县作为项目科技扶贫脱贫的重点县，采用“专家 + 新型经营主体 + 贫困农户”的方式带动农户脱贫奔康。

课题组长期技术指导遂宁市安居永丰绿色五二四红苕专业合作社，该合作社

屈会娟博士在 524 合作社中兴分社开展鲜食甘薯高效栽培技术培训

以种植生产特色甘薯 524 红苕的农户为主体，以助农扶贫增收为核心。合作社在会龙镇建 524 有机生态核心示范园 13hm^2，建设遂宁 524 红苕原种场 6.7hm^2，土地流转和在园区务工的 70% 是贫困农户；在白马镇、步云、天保镇建遂宁 524 红苕绿色标准化种植基地 667hm^2，土地流转和在基地务工的 80% 是贫困农户。合作社现有社员 386 户，带动和辐射 18 个乡镇、66 个村、1.56 万余户农户种植 524 红苕 2 000hm^2，其中，75% 属于贫困农户。524 红苕成为安居助农扶贫增收的支柱产业之一。

针对合作社在甘薯生产上存在的主要问题和技术需求，课题组一是开展配方施肥研究，明确特色甘薯品种‘有机甘薯 524’的养分需求规律；二是集成示范薯类两熟种植模式和甘薯提质增效关键栽培技术并开展技术培训；三是对合作社自主创制的肥料进行养分和安全性检测，并对肥料用量提出建议；四是对核心园区土壤肥力进行监控，为改良土壤，向合作社提供蚯蚓粪有机肥和微生物菌肥。

三、在全省开展甘薯新品种新技术示范，增产增收效果显著

2015—2019 年，课题组与南充市农业科学院、绵阳市农业科学研究院等单位合作，在四川省的 8 个县建立了 1 个核心区，3 个示范区和 4 个辐射区，开展甘薯栽培技术示范工作，累计示范面积 277.37hm^2。主要示范紫色甘薯优质高效栽培技

术、淀粉专用型甘薯提质增效栽培关键技术、鲜食型甘薯提质增效栽培关键技术和甘薯两熟种植新模式，并针对有甘薯生产技术需求的贫困县、非贫困县的贫困乡镇或贫困户开展技术扶贫服务工作。示范区甘薯增产幅度为14.55%~162.88%。其中，‘有机甘薯524’红苕平均增产幅度为22.67%~94.55%，四川省审定的第一个食用型紫色甘薯品种‘南紫薯008’的增产幅度为17.70%~29.02%，高花青素型紫色甘薯品种‘绵紫薯9号’的增产幅度为14.55%~83.44%，早熟甘薯品种‘龙薯9号’的增产幅度为28.70%~162.88%（表1，表2）。

表1　多年多点甘薯新品种新技术示范情况

序　号	示范地点与旱地两熟种植模式	示范年份	品　种	面　积（hm^2）	产　量（kg/hm^2）
核心区	金堂县竹篙镇“紫马铃薯—紫甘薯”	2015	南紫薯008	2.66	27 960
		2016	南紫薯008	2.66	20 505
		2017	南紫薯008	2.66	24 885
		2018	绵紫薯9号	2.66	38 190
		2019	南紫薯008	1.00	24 825
示范区1	西充县中岭乡，观凤乡，占山乡“紫甘薯—胡豆（油菜）”	2016	绵紫薯9号	66.66	56 160
		2017	绵紫薯9号	6.66	53 520
		2018	南紫薯008	40.00	12 780
		2019	南紫薯015	6.66	51 720
示范区2	安居区会龙镇“524红苕—油菜（胡豆）”	2016	有机甘薯524	20.00	16 560
		2017	有机甘薯524	20.00	25 545
		2018	有机甘薯524	6.66	18 810
		2019	有机甘薯524	6.66	26 265
示范区3	安州区花荄镇“紫甘薯—油菜”	2016	绵紫薯9号	6.66	45 900
		2018	绵紫薯9号	6.66	37 095
辐射区1	雁江区回龙乡“春甘薯—夏甘薯”	2015	春甘薯，龙薯9号	33.33	28 185
		2015	夏甘薯，龙薯9号	33.33	57 570
辐射区2	三台县景福镇“紫甘薯—油菜”	2017	绵紫薯9号	6.66	35 070
辐射区3	龙泉驿区大面镇“紫甘薯—蔬菜”	2017	紫罗兰	3.13	40 980
辐射区4	盐亭县两河镇“油菜—紫甘薯”	2019	川紫薯6号	1.33	50 265
		2019	绵紫薯9号	1.33	48 510

表 2　多年多点甘薯新品种新技术示范增产情况

类型	示范品种	区试产量（kg/hm²）	2016 年全省平均产量（kg/hm²）	示范区产量（kg/hm²）		较区试增产（%）		较全省平均增产（%）	
				最低	最高	最低	最高	最低	最高
有机薯	524 红苕	地方品种	13 500	16 560	26 265			22.67	94.55
紫色薯	南紫薯 008	21 090		24 825	27 210	17.70	29.02		
省审	绵紫薯 9 号	30 615		35 070	56 160	14.55	83.44		
省审	南紫薯 015	24 510		51 720		111.01			
省审	川紫薯 6 号	34 185		50 265		47.04			
引进	紫罗兰		21 900	40 980	42 600			87.12	94.52
引进	龙薯 9 号		21 900	28 185	57 570			28.70	162.88

四、开展“三区”人才扶贫工作，助力昭觉县脱贫攻坚

作为“三区”人才支持计划科技人员，参与凉山州昭觉县马铃薯产业技术扶贫工作，2018 年，与对接单位凉山州西昌农业科学研究所高山作物站合作，在昭觉县洒拉地坡乡尔打火村开展春马铃薯高产高效栽培技术示范和培训。2019—2020 年，对接昭觉县良圆马铃薯种业有限公司，主要向扶贫对象发放种薯、农药、肥料等物资，发放春马铃薯高产高效栽培技术培训资料并开展技术咨询服务，实现助农增产增收，其中，发放的马铃薯抗晚疫病药剂达到节药 30% 的效果。

屈会娟获凉山州“三区”科技人员“先进个人”称号

屈会娟获四川省农业科学院科技支撑精准脱贫“先进个人”称号

加快优质种薯繁殖，发挥马铃薯增收潜力

冯　焱　桑有顺　淳　俊　陈　涛　汤云川

成都市农林科学院薯类课题组针对贫困地区老百姓观念陈旧、生产上多采用自留种、缺乏脱毒种薯、栽培技术落后等问题，将脱毒种薯和标准化栽培技术在四川省甘孜州、阿坝州、凉山州、巴中市、平武县、峨边县等贫困地区示范推广，助力当地农户脱贫致富，取得了一定成效。特别是在通江县、平武县、阿坝县等地，科技扶贫成效显著。

成都市农林科学院薯类课题组

一、通江篇：红色老区，产业脱贫

通江县是红色革命老区，地处偏远地带，发展滞后，长期属于国家级贫困县。马铃薯在通江县种植历史悠久，但在十年前，当地马铃薯种植多采用自留种，且种植技术粗放，导致产量低，影响整个马铃薯产业发展。

脱贫攻坚战打响以后，应当地大力发展马铃薯产业的需求，成都市农林科学院与通江县农业农村局达成科技合作协议，以高寒山区马铃薯脱毒种源基地为结合点，以高山特色产业脱贫为突破口，提供技术援助，开展人员培训，助力当地脱贫。

本课题组共举办5期技术培训班，让当地技术人员来课题组的组培实验室和隔离网室进行跟班学习，课题组成员也多次到通江县空山镇基地提供技术指导和现场培训，帮助他们组建实验室和隔离网室，将先进的马铃薯茎尖脱毒、组培快繁、网室工厂化繁育原原种和马铃薯标准化种植技术带给他们，解决生产中的实际问题：针对组培苗污染率高的问题，对组培实验室的环境控制和人员操作流程提出整改建议，有效降低污染；针对大田种植水平低的问题，提出“脱毒种薯+药剂拌种+合理密植+配方施肥+高厢垄作+病虫害统防统治”的栽培措施，有效提高产量；针对薯类病虫害发生的问题，实地诊断，推荐不同药剂进行防治，保证种薯产量和质量；针对种薯贮藏过程中遇到烂薯的问题，提出库房整改建议，有效降低损失。除技术支撑外，为使空山基地组培中心快速开展脱毒种薯繁育工作，保证品种结构合理和基础苗快速更新，课题组还多次提供物资支持，包括基础苗、化学试剂、农药、化肥和种薯等。

在课题组和当地人员共同努力下，扶贫工作成效显著：一是建立健全了种薯繁育体系：在通江县空山镇建成了川东北规模最大、设施齐全的马铃薯种薯生产基地。其中，在空山马铃薯种源基地建成了马铃薯生产核心区——组培中心，形成了“育、繁、推”一体化的产业生产体系，建成了原原种扩繁网棚2 000m^2、原种生产基地133.33hm^2，建立和健全了“原原种—原种—生产种”的三级种薯繁育体系，通江县已成为全省现代农业产业马铃薯基地强县。近年来，完成脱毒马铃薯试管苗扩繁 2 000 万株，生产马铃薯原原种 2 000 多万粒，培育的“空山”系列脱毒种薯获得农业农村部的认证，成为巴中市唯一的马铃薯推广品牌。二是带动了川东北马铃薯产业的发展：空山基地年种植脱毒种薯达到 $666hm^2$，平均产量达到 30 $000kg/hm^2$，保障了全县及周边县区对脱毒马铃薯种薯的需求，带动了全市及川东北马铃薯产业的快速发展。三是加快了专业合作社的发展：合作社与全乡 820 户农户签订订单种植合同 $200hm^2$，从事一级生产种扩繁，户均增收 2 000 元、合作社成员增收 5 000 元以上。四是促进了农民脱贫增收：在空山镇，种植脱毒马铃薯收入万元以上的农户每年达 100 户以上，5 万元以上的大户 5 户，促进了当地农民的脱贫增收。例如：2017 年，空山镇五福村贫困户谢明坤种脱毒马铃薯 $0.87hm^2$，收入 5 万多元；龙池村杨光禹、中坝村何元海，每年马铃薯收入 2 万元以上，是全家主要经济收入，两个贫困户均实现了稳定脱贫。

岗位专家桑有顺、冯焱在通江县空山镇进行技术指导

二、平武篇：富民强县，大有可为

平武县处于四川省绵阳市北部，是秦巴山区连片特困县，马铃薯作为扶贫的主要作物之一，对当地农户脱贫有着重要意义。针对平武县马铃薯特色品种缺乏、

效益低的问题，课题组将自主育成的紫皮紫肉马铃薯特色新品种——‘蓉紫芋5号’引入当地，该品种在当地种植平均产量26 250kg/hm^2，最高可达30 000kg/hm^2，按市价4~8元/kg计，实现产值10万~20万元/hm^2，并且由于其口感好、营养丰富、保健价值高，十分畅销。在推广‘蓉紫芋5号’的过程中，并不是一帆风顺的，当地百姓对紫皮紫肉的土豆不了解，误认为是转基因产品。平武县土城乡农民杨家兴亲切地称呼‘蓉紫芋5号’为“黑土豆”，刚接触“黑土豆”时还有点犯小嘀咕，怕它娇气、不好种或是种出来不好卖。通过课题组对‘蓉紫芋5号’品种特性和高经济价值的耐心讲解、种植技术的细心指导，第一年老杨就种出了27 000kg/hm^{2}的好产量。老杨有地1.3hm^2，按当时市价4元/kg计，创造产值约14万元。近几年，‘蓉紫芋5号’在平武县龙安、水晶、黄羊等乡镇示范种植，得到市场广泛认可。

针对平武县缺乏脱毒良种和高产栽培技术的问题，课题组从点到面，重点扶持当地龙头企业——四川鑫源种业有限公司，先后多次到公司的生产基地进行现场技术指导，对新建马铃薯组培室、病毒检测室提出设计建议，对扩建脱毒马铃薯原原种隔离大棚提出整改建议，对公司技术人员进行培训，将“脱毒马铃薯良种快繁技术”“脱毒马铃薯病毒检测技术”和“马铃薯高产栽培技术”倾囊相授，提升了公司的脱毒种薯生产能力和生产水平，建立健全了当地的三级良繁体系。

通过积极商讨科技精准扶贫对策，由平武县科技局牵头，成都市农林科学院作为科技支撑单位，与四川鑫源种业公司共同制定并成功申请了“国家级科技富民强县专项行动计划——脱毒马铃薯快速繁种技术集成及产业化示范”项目，通过产、学、

岗位专家桑有顺在四川鑫源种业公司进行技术指导

研结合，对先进适用技术进行集成、配套和推广应用，建立起脱毒马铃薯良种繁育体系、优质商品马铃薯种植示范体系、产品综合利用与精深加工体系于一体的完整产业链，采用“核心基地示范——带动合作社种植大户——辐射其他大面积种植”的模式，建成核心示范基地 168.2hm^2，平均产量达 45 000kg/hm^2，增产幅度达 25% 以上；辐射带动全县采用脱毒良种和高产栽培技术的马铃薯种植面积达 3 333hm^2，产值达 2.5 亿元，新增产值 5 000 万元，种植户人均增收 2 200 元，实现了农民和财政的双增收，取得了显著经济和社会效益。

2015 年至今，本课题组一直保持着对平武县薯业的关注，通过提供优质马铃薯品种脱毒苗、原原种，对生产关键环节进行跟踪指导，并为当地培养农技人员等，助力当地百姓脱贫致富，为实现平武的富民强县添砖加瓦！

三、阿坝篇：净土阿坝，土豆花开

阿坝州是四川省第二大藏区和羌族的主要聚居区，发展马铃薯产业，对阿坝州口粮保障、精准扶贫有特殊重要的意义。但阿坝州马铃薯产业的发展长期面临诸多问题，如：品种少而杂，种薯质量差；种植水平低，产量低，常年在 15 000kg/hm^2 左右；产业链缺乏，效益低。作为科技支撑和服务单位，课题组从扶贫工作刚开始就对阿坝州马铃薯产业发展提出以下建议：按照“推广品种良种化、生产过程标准化、生产经营组织化、产品销售品牌化”的现代农业产业发展要求，以市场为导向，以项目为契机，以科技为支撑，加强马铃薯新品种、新技术的引进，通过技术示范、技术培训、媒体宣传等方式，强基础，攻产量，创品牌，连市场，增效益，做大做强马铃薯产业。

2018 年，课题组与巴中空山农业股份有限公司多次到阿坝考察和论证；充分考虑阿坝县得天独厚的地理气候条件，在阿坝县委、县政府大力支持下，促成巴中空山农业股份有限公司与当地种植合作社达成深度合作关系，在阿坝县四洼乡纳休村共同打造了 133hm^2 马铃薯全程机械化脱毒种薯基地。

2019 年，课题组提供技术援助，开展人员培训，协助巴中空山农业股份有限公司在阿坝县建立 266hm^2 标准化种植基地，建设高标准、高质量的示范点，推行“科研院所 + 公司（合作社）+ 基地 + 农户”的模式，良品良法良机配套，采用全程机械化生产模式，核心示范点平均产量达 41 575kg/hm^2，是阿坝州马铃薯平均产量的 2.77 倍，增产增收效果显著。为扩大阿坝马铃薯的影响力，促进当地马铃薯产业的快速发展，2019 年 8 月 13 日，课题组承办的阿坝春马铃薯高效栽培示范现场观摩及培训会在阿坝县成功举办。四川薯类创新团队全体专家，省内薯类生产基地县和企业（合作社）代表、种植大户、经销商等 88 人参会，代表们参观了阿坝镇 5 村 13hm^2 马铃薯脱毒原种繁育基地和阿坝县各莫乡查不壤村 266hm^2 马铃薯脱毒种薯标准化种植基地。在会上，团队专家分别对脱毒原种高效繁育技术、减量控害稳产技术和全程机械化集成技术进行现场介绍。参会的农技人员通过培训提高了认识、增长了知识，培训效果甚佳。同时，培训会还促进阿坝县马铃薯种薯生产企业、县（市、区）农业农村局、种植大户和合作社的产销对接，促进阿坝县马铃薯产业的快速发展。

扶贫先扶智，只有充分调动当地老百姓的主观能动性，改变传统旧观念，积

阿坝县春马铃薯高效栽培示范现场观摩及培训会

极接受新事物，才能取得脱贫攻坚战的最终胜利。通过示范推广和技术培训，当地的许多农户已经意识到优质种薯和标准化生产的重要性。阿坝县各莫乡俄修村的扎多是回乡创业的大学生，他联合其他肯想肯干的年轻人成立了乐吉玛专业合作社。2019 年合作社种植脱毒马铃薯 33hm^2，在课题组的全程技术指导下，平均产量达 30 000kg/hm^2，按照公司订单回收价格 1.7 元 /kg 计，实现产值 170 多万元。

2018 年，成都市农林科学院作为技术支撑单位将阿坝州米老头生态农业科技开发有限公司列为“农业科技创新服务示范基地”，以“扶贫帮困奔小康，生产营养食品送健康”为宗旨，采取院企合作形式共同开发马铃薯精深加工产品。在课题组和公司工作人员的共同努力下，在阿坝州建立了马铃薯种植示范基地和加工厂，保证了加工端原材料需求和市场供给，拉伸了马铃薯的产业链条，开发出“唔滋纳方净薯条”和“薯仔羹方便粥”两种马铃薯精深加工产品，深受市场欢迎。

阿坝州米老头公司生产的薯条和方便粥在超市上架

课题组通过技术支撑和服务，联合企业、合作社等，建立健全了阿坝州“种薯繁育 + 基地种植 + 精深加工”的马铃薯全产业链，将马铃薯第一、第二产业融合发展，既促进了当地农户增产增收，也解决了部分贫困户的就业问题，帮扶贫困户脱贫致富。

铁牛助力，直奔小康

任丹华

任丹华研究员长期在四川省农机化技术推广总站从事水稻、油菜、马铃薯等南方主要农作物全程机械化生产的技术集成与推广。2016 年，被聘为农业部主要农作物生产全程机械化推进行动专家指导组成员。2014 年以来，任丹华以四川薯类创新团队马铃薯主要环节机械化技术推广岗位专家的身份，深入开展扶贫工作，推动马铃薯产业在贫困地区的发展，通过马铃薯全程机械化生产模式的大力推广应用，实现马铃薯生产的节本增效，拓宽山区农民脱贫致富的渠道。

一、以精准扶贫为切入点，推动马铃薯产业化发展

2016 年，甘孜州马铃薯产业扶贫项目在甘孜县拖坝乡正式启动，对口援建单位成都市农委邀请四川薯类创新团队选派专家进行技术指导。任丹华作为专家组成员，克服了高原反应、语言不通等重重困难，前后四次赴甘孜县针对机具选型、品种选择、农艺要求进行全程技术服务。3 月的拖坝乡千里冰封，高寒缺氧，为了及时掌握当地的马铃薯种植情况，专家组带着氧气瓶在拖坝乡进行现场考察，并和当地的农机农技人员座谈，实地考察马铃薯种植园区。经过多次论证，确立了适合四川省高原马铃薯机械化生产的技术路线，即：机械犁耕→耙地→机械化起垄施肥播种→机械化中耕→机械喷药→机械杀秧→机械挖掘。并依据技术路线制定配套的农技技术及机具配套方案。机具送达拖坝乡后，专家组立即组织当地机

手开展一对一的帮扶培训，语言不通就请州农业局的同志请来懂藏汉双语的农机技术人员来当翻译，连比带画，让拖坝乡的农机手们第一次学会了操作马铃薯播种机、中耕机和收获机，提高了当地干部群众对马铃薯机械化生产的认识和技术水平。马铃薯产业扶贫项目按照全程机械化生产的技术要求，先后完成机械化播种、植保、中耕和机收。2016 年 10 月，经专家组测产，产量达到 24 000kg/hm^2，是当地人工种植产量的 2~3 倍，项目达到预期效果，有力地促进了四川省高原藏区马铃薯机械化生产的发展。

广元市朝天区曾家山一直是广元的深度贫困山区，老百姓素有种植马铃薯的

任丹华在甘孜县拖坝乡指导农民切种薯

任丹华在甘孜县拖坝乡指导机械化播种

习惯，曾家山马铃薯表皮光滑、光泽度好，芽眼较浅，是广元市朝天区的特产，获全国农产品地理标志，但长期依赖人工种植，成本高效益差，随着大批青壮年劳动力的转移进城务工，山区老百姓迫切需要马铃薯机械化生产技术来改变当前的生产现状。受广元市农业局的委托，任丹华同志多次到曾家山指导马铃薯机械化生产，2016 年 12 月，曾家山的山路已经结冰，汽车无法前行，任丹华就和市农业局的同志一起沿着崎岖的山路步行了一个多小时到达马铃薯种植区域，指导农丰芋马铃薯种植专业合作社的农机手开展冬季深翻。通过机械化深翻后，土壤经过一个冬季的冻消、风化，不但土块易碎，便于整地，而且有利于土壤熟化，减轻来年的地下虫害，减少农药使用量。2017 年 3 月，任丹华再次来到曾家山，对农丰芋马铃薯种植专业合作社开展技术扶贫，重点指导了播前耕整地和马铃薯

机械化播种示范。该合作社通过机械化生产提高工效 20 倍以上，产量及品质均大幅提高，产量达到 45 000kg/hm^2，节约人工成本 12 000 元 /hm^2 以上，实现了节本增效，探索出了广元市山区马铃薯生产机械化种植模式和以马铃薯机械化生产为产业带动的扶贫模式。为进一步促进马铃薯机械化生产在广元贫困山区的推广应用，2017 年 7 月 11 日，在朝天区曾家镇召开马铃薯生产全程机械化现场会，广元市各县（区）农业（农机）局分管领导、农机与农技技术推广站站长、全市部分农民专业合作社代表、马铃薯种植大户、农机产销企业代表以及市农业局相关科站负责人等 150 余人参加了会议。会上现场观看了农机作业现场会演示，从马铃薯种植的耕整地、播种、施肥、铺膜、杀秧（除杂草）、收获等各环节进行了机械化操作演示。任丹华同志对马铃薯生产全程机械化各环节进行了认真细致的技术讲解，逐一介绍了机具性能、用途等。

贵州省马铃薯种植区域大多为深度贫困山区，土地比较贫瘠、海拔高、地块

2017 年 7 月，任丹华在广元市马铃薯生产全程机械化现场会上进行培训指导

小、种植片细碎、道路和灌溉条件不具备，马铃薯种植作为贵州脱贫攻坚的抓手，是精准扶贫的主抓产业之一。2017 年 6 月 20 日，任丹华同志随农业部农机化司调研组在贵州省惠水县开展扶贫工作。首先由青岛洪珠农业机械有限公司向贫困山区马铃薯种植大户捐赠了一批播种机、杀秧机、收获机，并在大坪村观看了马铃薯机械化收获。任丹华同志结合西南地区特点对当地的种植大户和基层农机农技人员进行了培训，针对性地讲解了马铃薯品种、种植、管理、机械作业应用中应注意的问题和解决的措施等。

二、深度对接，狠抓凉山州马铃薯全程机械化生产培训

2018 年 1 月 20—22 日，四川省农机化技术推广总站任丹华研究员调配机具和试验场地，与四川薯类创新团队在双流区举办深度贫困县马铃薯产业技术培训班，参加培训班的学员有来自昭觉、布拖、盐源、甘洛、通江、万源、北川等深度贫困县基层农机手和农机骨干，有薯类创新团队青年科技人员和大学生双创骨干等，共计 70 余名培训学员。首席专家黄钢在培训班开班式上强调，四川马铃薯产业当前发展的重点之一是大力推进马铃薯生产农机化水平，对来自深度贫困县生产一线的新型经营主体的农机手进行实际操作技术培训是科技深度扶贫的重要途径。培训由室内培训与田间操作两部分组成。室内培训会上针对马铃薯高效种植技术，对学员进行了马铃薯品种选用、种薯处理、高效栽培技术、植保技术、

2018 年 1 月，任丹华研究员协助组织马铃薯全程机械化生产技术及主要机械操作培训会

贮藏与电商营销、机械化应用等方面的技术培训。田间操作培训马铃薯全程机械化生产技术及主要机械操作技术。深度贫困县基层农机手和农机骨干学习了农业机械在马铃薯种植生产中的开沟、起垄、播种、中耕、培土、喷药、杀秧、收获等主要田间作业环节。每位机手都亲自上阵，依次有序进行了各种农机的驾驶训练，并全部考核合格取得了农机手证书。

扶贫奔行万里，土豆情系三州

周全卢　李　胜　黄迎冬　张玉娟

周全卢是贵州人，属南充市农业科学院薯类研究团队，依托农业农村部薯类学科群建设、国家现代农业产业技术体系、四川省育种攻关等项目，从事马铃薯、甘薯遗传育种、栽培生理研究及示范推广工作。是四川薯类创新团队岗位专家、四川省科技扶贫万里行马铃薯产业团队首席专家，带领团队成员在全省特别是三区三州开展薯类产业技术服务，坚定“四个自信”，做到“两个维护”，充分发挥一个党员的先锋模范作用，助力脱贫攻坚。

一、围绕区域特色创高产

川东北地区属于平原向山区过渡的丘陵区，适宜秋、冬马铃薯种植。课题组在多年研究的基础上，根据区域种植制度集成了“马铃薯—花生—秋菜”“幼果林/马铃薯”“小麦/玉米/大豆/秋马铃薯”等多种高效种植模式，为马铃薯产业在本区域的产业化推进提供了理论支撑，在脱贫攻坚带动种植户增收上发挥了重要作用。

（一）“马铃薯—花生—秋菜”亩产万元高产栽培模式的示范推广

丘陵旱地因光照条件好，主要以套作形式增加复种指数，但套作用工多且不便操作，不利于农机的使用，课题组结合实际，将套作多熟改为轮作多熟，选用

周全卢在南部县开展冬马铃薯高产栽培技术现场培训

模式为“马铃薯—花生—秋菜”三熟制，在马铃薯种植过程中将脱毒良种（费乌瑞它）、合理密植（96 000 窝 /hm^2）、配方施肥、化学调控和病虫害综合防治等配套高产栽培技术用于马铃薯示范推广。平均产量 47 445kg/hm^2，产值达 113 886 元 /hm^2。这种新型套作方式在错季蔬菜供应上进行突破，对农民增产增收起到了积极作用，具有较高的经济效益。

（二）丘陵区幼果林套作菜用冬马铃薯效益显著

南充市又称“果城”，果树种植面积 14 万 hm^2 左右，其中晚熟柑橘 6 万 hm^2，但果树在种植的前 3 年为幼果林，不能产生效益，如何进行长期短期作物间的搭配，充分利用光热资源，缓解种植户的投入压力是农业工作者一直探索的课题，课题组联合南充市农业农村局和相关农业推广部门，以马铃薯作为短季作物，集成创新出一套“丘陵区幼果林 / 菜用冬马铃薯”种植新模式，不仅在马铃薯上创高产，同时也保证了果树产业的健康发展，在助农增收上效果显著。2019 年 5 月 21 日，课题组在西充县东岱乡实施的“丘陵区幼果林 / 菜用冬马铃薯示范”田间测产，平均产量为 43 818kg/hm^2，商品薯率 84.45%，按田间收购价 2.2 元 /kg 计算，产值达 9 6401 元 /hm^2，除去种薯、肥料、农药、用工等 42 990 元 /hm^2，净效益 53 411 元 /hm^2。

（三）平丘区马铃薯机械化种植示范获得成功

2016 年 6 月 12 日，课题组在仪陇县实施的 20hm^2“平丘区马铃薯机械化种

仪陇县马铃薯机械化种植示范区现场测产

植示范区”现场测产，平均产量 35 240kg/hm^2，按田间收购价 2.2 元 /kg，产值达 77 529 元 /hm^2。

二、积极参加“三区”人才和驻村农技员帮扶工作

（一）“三区”人才

2017—2018 年，周全卢副研究员承担“三区”人才项目，到阆中市开展薯类产业扶贫，主要工作内容为提供马铃薯和甘薯品种、高效种植技术指导、培训技术骨干，并与阆中市薯类新型农业主体结成利益共同体，提升种植技术。成效主要体现在两方面：一是通过培训和指导提高了合作社的马铃薯种植技术水平。以阆中市农业局为主导，以新型农业经营主体为基础，特别是金城乡马铃薯专业合作社为南充市第一家马铃薯专业合作社，在马铃薯生长的关键时期进行集中培训和现场培训，同时每年为合作社免费提供一定量的原原种、原种和农资。目前间套作下马铃薯产量达 27 000kg/hm^2 以上，较周边地区增产 21%。二是通过品种推荐和基地建设，大大提高了新品种的覆盖面和种植规模，联系了淀粉加工为主的昌凌生物科技有限公司，合作建立了专家大院，切实指导高淀粉甘薯基地建设和创高产，为企业保质保量提供足量种源和加工原料，高淀粉甘薯种植平均产量 39 000kg/hm^2 以上，按企业收购价 0.9 元 /kg，效益 35 100 元 /hm^2，大大提高了种植户的积极性，保障了甘薯产业在本地区的健康发展。

（二）驻村农技员

2016—2020年，周全卢副研究员受南充市委组织部委派，作为“五个一”驻村农技员对口帮扶阆中市博树回族自治乡清真村（2020年改为团结村）和西充县高院镇邹家堰村。参与编制扶贫村产业规划，免费为贫困户提供甘薯优良种薯种苗、蔬菜种子、黑牧草种子及相关农资，年投入物资价值2万元。不定期开展集中培训，长期驻村进行现场指导，每年集中培训和现场培训人员200人次以上，发放培训资料500余份，促进了贫困户增产增收。

三、科技扶贫万里行

2018年3月26日，根据省委组织部、省农业农村厅“科技扶贫万里行”活动的总体部署，周全卢副研究员作为马铃薯产业技术服务团第33团首席专家，对凉山州金阳县和美姑县、乐山市峨边县和阿坝州松潘县开展马铃薯产业技术服务指导帮扶。2019年3月22日，根据省人才办、省农业农村厅等“深度贫困县科技扶贫万里行”活动的总体部署，周全卢副研究员作为马铃薯产业技术服务团第34团首席专家，对凉山州金阳县和美姑县、甘孜州新龙县开展马铃薯产业技术服务指导帮扶。

2018年，四川省深度贫困县科技扶贫万里行启动了
3个马铃薯产业技术服务团

按照计划安排，专家服务团在马铃薯生长的关键时期到受援县进行现场服务，主要包括集中培训、调研、现场培训、试验示范、决策咨询等。2018年行程11 000多千米，

现场服务 30 天，2019 年行程 13 000 多千米，现场服务 31 天。在马铃薯种植的重点乡、村开展集中培训和现场指导，为受援县培养了一支指导马铃薯生产的农业技术队伍，提高了种植户对马铃薯及其病虫害的认识，增强了他们抵御风险的能力。同时通过培养科技示范户和本土人才，扩大他们对周边马铃薯种植户的影响力，带动他们勇夺高产，实现共同致富，助推整个县的马铃薯产业发展。

通过充分调研，深入了解每个县的马铃薯产业发展现状，与县分管领导及相关人员进行座谈，找出其马铃薯产业发展的短板，撰写了《美姑县马铃薯产业扶贫规划（2018—2020）》《金阳县马铃薯产业扶贫规划（2018—2020）》《关于进一步加强金阳县马铃薯良繁建设的建议》《新龙县马铃薯产业发展调研报告》等切实可行的马铃薯产业发展调研报告，提交给受援县马铃薯主管部门。

专家服务团辅助农业局开展新品种、新技术成果转化基地建设，在美姑县和金阳县主要示范“马铃薯草害防治技术”和“马铃薯晚疫病综合防治技术”。美姑县采用“借薯还薯”方式进行优良种薯推广，金阳县主要推广“借薯还薯”和“春薯—秋菜”两种新模式。

案例 1：彝族老乡有在春马铃薯收获后种植秋菜（荞）的习惯，但每年都在 7 月马铃薯未成熟时就开始收挖，此时的马铃薯正在膨大期，薯块较嫩，易伤皮引起贮藏烂薯，团队提出种植较早熟的马铃薯品种，既解决茬口问题，也减少了伤薯引起的贮藏损耗。

案例 2：松潘县冬天温度低，而全县基本无贮藏设施，收获的薯块要运至成都或其他地方进行贮藏，来年再运回松潘县进行种植，成本高，损耗大。团队提出松潘县得天独厚的隔离条件，加上松潘县的旅游优势，以新型经营主体为载体申报“松州有机马铃薯品牌”，种植的商品薯以旅游产品的方式进行销售，同时加强网络“松州马铃薯”的销售；马铃薯种薯采用现有贮藏设施进行规范贮藏，来年作为低海拔区的种薯供应。

案例 3：美姑县、金阳县马铃薯种植户在马铃薯季降水较多，收获后病伤薯混放，薯堆大，烂薯率 10%~15%，严重的可达到 30%，建议种植户在收获后挑选出伤病薯，堆放时用竹篾围席规范堆放，薯堆不宜过高 1.0~1.5m，且在薯堆中

2019 年，马铃薯产业技术服务团队在金阳县和昭觉县开展座谈调研

散装薯堆中插入竹筒以降低内部的温度和湿度

插入竹编透气筒，散发掉薯堆中的热气和水汽。

案例 4：围绕美姑县马铃薯原种繁育任务，以‘青薯 9 号’为主导品种，进行 14.4hm^2 的‘青薯 9 号’原种生产。原种产量达 30 000kg/hm^2，收获原种种薯 432 000kg，2 元 /kg，产值 86.4 万元，充分发挥了马铃薯在精准扶贫中的重要作用。

案例 5：为全面支持彝族老乡脱贫致富，往往在一个村安排多个产业，在美姑县井叶特西乡沙马乃拖村安排了中药材、养马、马铃薯等 10 个产业，但老乡有年年种植马铃薯的习惯，通过专家们现场培训和指导，高山马铃薯原种和生产种产量由 7 500kg/hm^2 增加到 39 009kg/hm^2，实现了产量的根本突破。

案例 6：金阳县将“密科乌洋芋”作为特色品牌进行打造，但配套技术不完善，本团队从原原种繁育、田间提纯复壮、晚疫病防控、安全贮藏、分级筛选机的选配、

金阳乌洋芋包装

包装箱的设计等全方位对密科乌洋芋进行了指导，大大提升了品牌效益。

四、欢乐藏区行

2015 年 3 月 9—14 日，薯类创新团队王西瑶教授、刘波微研究员和周全卢副研究员参加了由省委宣传部组织的 2015 年文化科技卫生“三下乡”——“欢乐藏区行”暨“法律七进”活动。专家团队的工作主要是农技科普，把实用的科普知识送到田间地头。每到一个地方，村民们驻足在农业技术展位前跟着专家学知识，大家还领到了免费的技术手册、种子和药品。

周全卢为农牧民发放农技科普宣传资料

五、技术支持薯类龙头企业

资阳尤特薯品开发有限公司主要经营薯类作物种植、收购、初加工、销售。公司成立至今一直与薯类课题组保持密切合作，薯类课题组为其提供甘薯新品种、新技术的示范和推广。2015 年以来，在薯类课题组的指导下建立农场种植规模已达 90hm^2，并实现了半机械化作业。同时，为满足消费市场多样化需求，由原来单一的淀粉型甘薯发展到现在的优质食用型、鲜食水果型、高淀粉加工型、高营养保健型等多个系列品种。如今，所种植的甘薯已走入中南海、中国香港、中国澳门等地的餐桌。农场收获的甘薯产品连续 4 年作为安岳县特色农产品登上中国

周全卢在资阳尤特薯品开发有限公司甘薯生产基地指导生产

西博会、四川农博会展台，受到国内外参展客商及媒体记者的广泛关注。农场以“科研 + 公司 + 合作社 + 农户”一体化经营模式带动更多种植户增收致富，合作社负责提供薯种和有机技术免费指导以带动宝华、天宝、南熏、华严、周礼等 11 个乡镇 4 000 余户农户种植甘薯 1 670hm^2，产量超过 60 000kg/hm^2，种植户人均年增收超过 500 元。

薯类病虫绿色防控，助力薯类安全生产

王晓黎　李洪浩　刘波微

四川省农业科学院植物保护研究所薯类病虫害绿色防控与安全生产课题组，依托四川薯类创新团队、四川省农业科学院中试熟化和“三区人才”等项目，根据昭觉县贫困村的科技需求，重点围绕马铃薯提质、减药、施用生物农药开展技术咨询、现场指导、技术培训等一系列科技服务。通过“一对一”“一对多”的方式，培训一批技术能手，提升特色产业的良性发展。

一、在凉山州昭觉县洒拉地坡乡尔打火村建立核心区

2018 年，在四川省农业科学院农业科技进民族和贫困地区行动计划支持下，课题组在凉山州昭觉县洒拉地坡乡尔打火村建立核心区 3.33hm^2，在昭觉县城北乡洼古村建核心区 2.13hm^2。核心区平均产量 32 250kg/hm^2，较周边人工播种收获区产量提高 32.8%。与地方主管部门联合召开“马铃薯新模式

2018 年 7 月，王晓黎博士在昭觉县城北乡马铃薯机收现场

新技术集成示范 2018 年深度扶贫培训暨马铃薯生产机械化机播现场会”1 次，机械化收获现场会 1 次，马铃薯病虫害防治技术和贮藏技术培训会 2 次，培训基层技术骨干 50 人次，培训农民 200 人次。

二、在简阳市施家镇金玉村建立科技扶贫示范基地

2019 年，应简阳市施家镇政府邀请，课题组将该镇插花式贫困村金玉村作为扶贫示范基地，免费给村民提供 5 个特色甘薯新品种的脱毒种苗 2.1 万株，同时技术指导农民移栽、施肥和田间管理，召开技术培训会 2 次，培训农户 200 人次，发放技术资料 230 余份。课题组黄钢研究员曾在简阳市施家镇当过知青，在简阳市原平泉区知青联络服务组的组织下，曾经的知青们发起了“情系第二故乡，感恩父老乡亲，助力农民增收，促进乡村振兴”活动，在甘薯收获期，知青们到金玉村甘薯种植户地里挖红薯，重新体验田园农耕生活，每个人购买了自己亲手挖的甘薯。经现场测产，‘川紫薯 6 号’平均产量 45 000kg/hm^2，‘香薯’平均产量 37 500kg/hm^2，‘烟薯 25’平均产量 30 000kg/hm^2，平均售价 1.5 元 /kg，增收显著。

2019 年 11 月，王晓黎博士在简阳市金玉村开展甘薯田间技术指导

王晓黎博士在简阳市龙凤村开展田间测产

三、以喜德县和雷波县为精准帮扶中心县开展科技扶贫

四川省农业科学院植物保护研究所李洪浩博士，依托四川省科技计划、四川省农业科学院中试熟化、四川薯类创新团队和“三区人才”科技计划等项目，充分考虑项目实施地产业发展情况，对接喜德县农业农村局、雷波县教育体育科技局和雷波县春风农业综合开发有限公司，因地制宜于2017年在喜德县贺波洛乡塔普村建立花椒间作马铃薯种植示范基地、2018—2020年在雷波县箐口乡红岩村和核桃坪村建立白魔芋种植示范基地，累计引进项目资金248万元、公司1个，精准帮扶贫困户20户，整村推进马铃薯、花椒和白魔芋栽培管理技术示范。运用“科研院所＋公司＋合作社＋基地＋农户”的新模式，集成“建立示范基地带动农户发展当地产业”的长效帮扶机制1套、魔芋主要病虫害综合防控技术1套和花椒间作马铃薯主要病虫害综合防控技术1套，解决当地产业发展瓶颈问题，提升了产业发展水平，提高了农户种植积极性，增加了农民收入。其中，2017年在喜德县贺波洛乡塔普村应用“马铃薯晚疫病监测预警防控示范”，核心示范区平均产量36 675kg/hm^2，较农民自防增产16%，并帮扶示范区贫困户平均增收1 670元/户。2019年在雷波县箐口乡核桃坪村应用“白魔芋高产栽培关键技术示范”，核心示范区白魔芋平均产量28 612kg/hm^2，产值22.89万元/hm^2，帮扶贫困户每户平均增收2 460元，起到非常好的示范带动作用。

作为雷波县“三区人才”和喜德县专家服务团成员，李洪浩以喜德县和雷波县为精准帮扶中心县，每年开展马铃薯、花椒和魔芋主要病虫害防治指导10余次。同时李洪浩积极参与其他市县产业发展帮扶，2017—2020年，在西藏自治区林芝市百巴镇，四川省道孚、布拖、金阳、昭觉、冕宁、甘洛和木里县等地开展马铃薯、花椒和魔芋主要病虫害防治技术培训20余次，累计培训驻村农技员、农户800余人次，发放《马铃薯主要病虫防治技术明白纸》《花椒主要病虫防治技术明白纸》和《魔芋主要病虫防治技术明白纸》1 000余份，为助力脱贫奔康、农业增收、农民增收贡献了自己微薄的力量。

（一）四川首批省级农技专家团到金阳县培训助春耕提升服务暖民心

2019 年 2 月 21—23 日，李洪浩在金阳县针对马铃薯覆膜种植情况，在马铃薯种薯挑选、切刀消毒、覆膜栽培管理、马铃薯主要病虫害识别与防治等方面做了培训，叮嘱薯农及时破膜放苗，并结合天气预报开展马铃薯晚疫病监测和防控。拉木觉村贫困户 50 余人参加了此次培训，发放《马铃薯主要病虫害防控技术手册》50 余份，马铃薯晚疫病防控药剂 13hm^2。

李洪浩博士为金阳县农户讲解马铃薯安全生产技术

刘波微研究员在昭觉县指导农户进行马铃薯中耕

（二）木里县马铃薯主要病虫害防治技术培训

李洪浩博士为木里县农户讲解马铃薯晚疫病识别与防治药剂科学使用方法

2019 年 4 月 16—17 日，植保所李洪浩在木里县乔瓦镇和依吉乡开展马铃薯主要病虫害防治技术培训，有针对性的解答了老百姓种植过程中遇到的技术难题，发放《马铃薯主要病虫害防控技术手册》200 余份。

（三）喜德县花椒、马铃薯主要病虫害防治技术培训

2020 年 4 月 29 日，应喜德县农业农村局科教站和鲁基乡驻村工作队邀请，李洪浩博士赴鲁基乡开展花椒管理技术培训。有针对性地开展花椒主要病虫综合防治技术培训，实地指导贫困户识别花椒膏药病、地衣、蚜虫、蓟马等病虫害症状和了解相应防控措施。李洪浩着重讲解当前花椒管理重点，指导贫困户如何科学使用高钾叶面肥以及自制叶面肥进行花椒保果，并解答贫困户在花椒清园、修剪等方面的疑问。5 月 29 日，李洪浩博士在喜德县开展马铃薯主要病虫防治技术培训，介绍了马铃薯晚疫病、马铃薯病毒病、地下害虫等主要病虫害识别与防治技术，以及科学用药对保障马铃薯安全生产的重要性。

李洪浩博士为喜德县农户讲解花椒间作马铃薯模式下的病虫害防控技术

携手农企共克生产难题，优质甘薯决胜脱贫攻坚

刘莉莎　唐明双　李东波　朱洪庆

南充市农业科学院甘薯课题组有 3 人参加驻村帮扶工作，2016—2019 年，共驻村 491 天，开展产业扶贫调研 9 次，在贫困村开展技术指导 77 次，集中技术培训工作 13 次，发放技术资料 2 万余份，培育科技示范户 9 户、新型职业农民 2 人。共为贫困村提供种薯 100 余吨，种苗 250 余万株。课题组帮扶的 3 个贫困村中，仪陇县凤仪乡高屋村于 2016 年脱贫，西充县鸣龙镇象岩寺村于 2017 年脱贫，阆中市宝台乡柳太平村于 2018 年脱贫。2016—2020 年，课题组帮扶贫困县甘薯生产企业 10 余家，有效推动了四川甘薯产业和扶贫事业发展。

南充市农业科学院甘薯课题组

一、深入开展扶贫调研和培训，助力贫困地区发展甘薯产业

（一）开展扶贫调研，发展产业、智力先行

2017—2020 年，课题组到西充县义和乡陈氏祠村、西充县高院镇邹家堰村、

西充县鸣龙镇象岩寺村、阆中市清真村（2020 年改为团结村）、广元市苍溪县和剑阁县、开展产业扶贫调研 12 次，帮助编制扶贫产业规划 10 余份。

2017 年，课题组对西充县义和乡陈氏祠村和高院镇邹家堰村进行考察调研，为两个村提供了 3.5hm^2 的甘薯种薯和种苗，开展了甘薯栽培技术培训，同时举办的现场会受到了广大村民的热烈欢迎。

2018 年，课题组到西充县鸣龙镇象岩寺村调研，走访了 28 户当年将要脱贫的贫困户，对贫困户种植业进行一对一的技术指导。在阆中市清真村进行产业扶贫规划，调查了解农户的具体情况，并对其当年需要发展的产业进行规划，政府对每户贫困人口资助的脱贫资金高达 2 000 元，鼓励农户大力发展自己特色产业，最终达到快速脱贫的目的。

2019 年 5 月，依托九广合作，课题组赴旺苍县进行产业调研，根据当地的自然条件和农业产业布局，在优质甘薯产业发展规划、品种改良和种植技术培训等方面给予旺苍县大力支持，助推旺苍县顺利实现脱贫摘帽。6 月，为他们免费提供优质甘薯新品种进行展示示范，其中，集中展示甘薯新品种 12 个，共计 3.68 万株，免费提供甘薯微耕机起垄器械一套，同时进行起垄现场演示和栽植指导。10 月，在旺苍县尚武镇西河现代农业园区举行了“九广合作—科技助农”甘薯采收活动，取得良好效果。本次引种试种筛选出了适宜旺苍大规模发展的经济型甘薯品种，让甘薯产业成为帮助山区农民脱贫致富的绿色产业。

2020 年 5 月 13 日，课题组到广元市苍溪县禅林乡满山串家庭农场进行扶贫调研。针对业主希望可以在猕猴桃厢间套种甘薯，期望借此控制杂草、增加收益的需求，经过实地考察和询问该地土壤、水源等情况，考虑到该坡地不易灌溉、山路陡峭，难以机械化操作，且目前没有既定的销路，建议缩小种植面积。今年已为他们提供十几个甘薯新品种，共计 4.80 万株薯苗试种，同时为其提供全程技术指导。

（二）积极开展多方合作，帮助贫困村编制扶贫产业规划

课题组依托多平台，积极同地方政府合作，推动各区县甘薯产业规划，

2016—2019 年，先后 10 余次到安岳县、西充县、安居区、苍溪县帮助当地政府及农业部门编制甘薯产业发展规划，建议各地区应适度强化发展甘薯种薯种苗基地建设工作，充分利用四川薯区病虫害少、污染小、生态环境好的优势，重点培育高端绿色甘薯食品生产项目。

（三）通过技术培训，快速提高农户栽培技术水平和新技能

在西充县鸣龙镇象岩寺村、仪陇县凤仪乡高屋村等 18 个贫困村进行了“甘薯标准化栽培技术”“甘薯病虫害防治技术”“甘薯起垄、切蔓、收获机械操作技术”“甘薯贮藏窖的建造”“甘薯贮藏保鲜技术”“鲜薯薯块分级销售”的培训、现场技术指导及咨询。

课题组到扶贫村进行技术指导

（四）建设种薯繁育基地，为贫困地区提供优质种苗

课题组充分发挥本单位育成品种和技术优势，建立种苗繁育和高效栽培技术示范基地，切实帮扶贫困地区发展甘薯产业，通过技术培训和指导助力贫困地区甘薯产业发展。课题组目前已建立甘薯种苗繁育基地 12 个，为产业发展提供优质种苗累计超过 2 000 万株。其中，与西充县氧森谷农业有限公司在中岭乡楼子寺村共建保健甘薯育苗基地 1hm^2，采用三膜覆盖提早育苗技术生产早栽保健甘薯种苗，年产种苗 35 万株。

新冠肺炎疫情期间，课题组到西充县氧森谷农业有限公司保健甘薯育苗基地指导

课题组编制了《甘薯标准化栽培技术规程》，加强对甘薯主产区贫困县的基层农技员、企业管理人员及技术工人、种植大户、农民的培训，通过对甘薯栽培、贮藏技术及高产示范的现场培训，提升农户、种植大户和企业的生产技术水平。

二、服务甘薯产品生产企业，推动贫困地区甘薯产业发展

（一）加强对贫困地区甘薯产业基地建设的技术指导和种薯、种苗支撑

课题组指导国家级贫困县仪陇县必喜食品有限公司在金龟坝村建立淀粉品种生产基地 15hm^2；协助阆中市农业农村局在彭城镇建立优质食用甘薯新品种示范基地 80hm^2，加工紫薯基地 4hm^2，为基地提供种薯 10 余吨，种苗 50 余万株；技术指导西充县高新有机食品有限公司在中岭乡建立优质食用甘薯生产基地 80hm^2，为其引进优质鲜食甘薯新品种 8 个，提供种薯近 3t，种苗 80 余万株；技术指导西充县薯宝宝专业合作社在莲池乡建立优质食用紫薯基地 7hm^2，提供‘南紫薯 008’种苗 20 万株；技术指导资阳市尤特薯品开发有限公司在安岳县建立淀粉加工甘薯生产基地 20hm^2，为其提供优质高产红薯品种 2 个，种苗 30 余万株。

四川昌凌生物科技有限公司主要经营薯类淀粉、粉丝加工、销售，生物技术研发，2017—2018 年，在课题组提供技术保障及阆中市政府大力支持下，在阆中市十多个乡镇建立高淀粉甘薯种植基地，建立了年产 800t 的淀粉加工生产线，对

红薯实行保护价订单收购，让贫困群众得到较好收益，甘薯作为阆中市精准扶贫中“短、平、快”优势产业，在企业稳步发展的同时老百姓也得到稳定收入。

（二）开拓新的服务模式，助力产业发展和转型升级

课题组协助安岳县鸿安红薯专业合作社实施了四川省妇联居家灵活就业示范基地建设项目。项目采用“龙头企业 + 农民合作社 + 家庭农场 + 信用农民 + 循环经济 + 农村电子商务”的农业产业发展模式，采用订单种植的模式解除了种植农户的后顾之忧，同时对农户进行培训，帮助其掌握种植、管理等技术，以保障农户获利，调动农户积极性，促进农民收入的稳定增长。

2017—2019 年，课题组在西充县中岭乡高新有机食品开发有限公司、资阳市安岳县尤特薯品开发有限公司、西充县氧森谷农业有限公司基地组织实施国家甘薯产业技术体系举办的高产高效竞赛，甘薯纯收益可达 9.7 万 ~14.0 万元 /hm^2，大大调动了当地甘薯种植者的积极性。

利用生态优势，深耕种薯繁育，助力山区脱贫

刘丽芳　邹　雪　余韩开宗

绵阳市的北川县和平武县位于秦巴山区，是我国14个连片特困区之一。马铃薯是当地羌族、藏族的传统农作物，种植面积约10 000hm^2。虽然当地种植马铃薯历史悠久，但缺乏科学技术，存在品种老旧退化严重、脱毒种薯应用率低、栽培技术落后等问题，马铃薯的平均产量只有15 000kg/hm^2左右。北川、平武的山地面积占95%以上，平均海拔在1 000m以上，无蚜虫传染病毒，属亚热带山地湿润季风气候，光照充足，年均降水量约1 000mm，在块茎膨大期日平均气温多维持在17~25℃，具有生产种薯的天然优势。绵阳市农业科学研究院马铃薯课题组多次实地调研，结合当地农业主管部门的意见，确立了利用生态优势打造川北种薯供应基地，带动农民脱贫增收的目标，并依托四川薯类创新团队专家组，建立了北川专家工作站，振兴以北川为中心的龙门山脉种薯基地，保证四川马铃薯特色产业的长远发展。

课题组积极配合团队工作，从两方面入手，为当地制定了科技扶贫方案。一是引导北川兴羌生态农业科技开发有限公司在贫困山区建立标准化种薯生产基地，引入脱毒种薯和科学规范的种植技术，在提高当地马铃薯生产水平，带动贫困山区增收的同时，也为平坝地区提供优质种薯。二是利用贫困山区光照强、昼夜温差大，非常利于马铃薯块茎中花青素的合成和积累的生态条件，引进特色品种，通过生产高品质的特色马铃薯来带动脱贫增收。通过近几年的共同努力，课

题组成功协助当地建立了完善的种薯繁育体系和“供薯还薯”推广模式，使当地脱毒种薯的普及率由原来的不足10%提高到现在的60%以上。通过推广优质种薯和配套栽培技术，使当地的马铃薯产量和品质得到极大提升，北川不仅成为远近有名的种薯供应基地，同时也是菜用商品薯的重要供应地区。近年农户种植的马铃薯平均产量达30 000~45 000kg/hm^2，田间收购价2.0~3.0元/kg，产值超过60 000元/hm^2，高花青素特色马铃薯的产值达15万元/hm^2。

一、引导当地建立种薯良繁体系，为脱贫增收提供重要保障

课题组利用山区海拔高无蚜虫传染病毒的生态优势，引导企业在当地建立种薯扩繁基地，既为贫困地区引入脱毒种薯和规范的栽培管理技术，又在当地起到积极的示范和推广效应。北川兴羌生态农业科技开发有限公司在海拔1 200m的北川县通口镇井泉村建设66 667m^2“北川高山农业科技示范园”，其中，组织培养室1 200m^2，植物快繁温室1 000m^{2}的，智能化温室1 300m^2，连栋温室（网）生产大棚6 000m^2。2015年以来，课题组从剥茎尖培育脱毒试管苗、试管苗扩繁、试管苗生产原原种到高海拔地区生产原种、种薯，进行了一系列技术集成和创新，每年到公司技术指导20次以上，到种薯基地培训农户4次以上，指导该公司在北川建立了一套成熟完善的马铃薯种薯三代繁育体系。

岗位专家刘丽芳指导北川兴羌公司种薯生产

在种薯示范推广方面，课题组引导种薯公司建立“科研院所+种薯公司+贫困户”的脱毒种薯推广新模式。公司与贫困户以“借薯还薯”的模式进行种薯生产，由课题组做全面技术指导和培训。产研结合模式促进了贫困山区优质种薯的

普及和种植水平的提升，极大地推动了当地马铃薯产业的发展。

北川马铃薯脱毒种薯良繁体系及基地建设已初具规模，在通口镇井泉村建成了四川省同纬度海拔最高、规模最大、设备先进、配套较为齐全的脱毒马铃薯原种繁育中心，在漩坪乡、白坭乡、都坝乡的 6 个高山村建有 200hm^2 种薯基地。目前公司已达到年产优质脱毒马铃薯原原种 1 000 万粒，年生产销售马铃薯脱毒种薯 10 000t 的能力，成为川北冬作马铃薯种薯的重要来源，同时其种薯也远销川南用作秋季栽培。在脱毒种薯生产示范基地，连续五年测产，净作平均产量在 30 000kg/hm^2 以上，充分展示出了应用脱毒马铃薯种薯的增产潜力。

二、引选优良品种，以高品质特色品种带动脱贫增收

针对当地品种老化、芽眼深、薯形外观差等问题，课题组通过引育结合，筛选出一批适宜山区栽培的马铃薯专用品种。如‘费乌瑞它’‘川芋 56’‘川芋 117’‘青薯 9 号’‘希森 3 号’和‘大西洋’等，对引入品种进行系统的多年适应性试验，其中‘费乌瑞它’净作产量在 30 000~45 000kg/hm^2，具有早熟、矮壮（适合当地的玉米套作模式）、商品率高，薯形美观，口感好等特点，作为菜用薯田间收购价稳定在 2.0~3.0 元 /kg，种植效益高，现已成为北川、平武的主推品种，种植面积超过 3 000hm^2。

针对‘费乌瑞它’易感晚疫病，‘青薯 9 号’因植株高大，对玉米苗期生长不利的问题，课题组从 2016 年起开展培育适合山区的矮化型抗晚疫病马铃薯新品种

邹雪博士在北川县开展特色马铃薯新品种杂交选育工作，筛选出优良单株材料

2016 年，课题组在北川县三坪村示范特色马铃薯

工作。累计评价了 1 000 多份优质特色马铃薯新材料，从中筛选到 16-14-4、16-14-8、16-31-17 等在当地表现为产量高，抗晚疫病且株高适中的材料。

彩色马铃薯富含类黄酮化合物花青素，已知花青素具有抗氧化、抗衰老、防癌、降脂、增强人体免疫等功效，价格是普通马铃薯的 2 倍以上，种植效益高。2016 年，课题组为北川引进‘黑美人’‘红美人’‘红玫瑰’等 7 个特色新品种，示范“脱毒种薯、地膜覆盖、优化施肥、晚疫病综合防控”等高产高效生产技术。其中，‘红玫瑰’产量 33 001.5kg/hm^2，‘红美人’产量 27 601.5kg/hm^2，‘黑美人’产量 23 001.1kg/hm^2。按 7~8 元 /kg 计，产值超过 16 万元 /hm^2，能实现较高的产量和较好的收益。

三、示范推广良种良法配套技术，促进效益提升

针对北川县山区“马铃薯 / 玉米”传统栽培模式存在的产量低效益差问题，课题组开展不同田间配置试验，研究出采用 2∶2 模式能获得最佳经济效益，马铃薯平均增产 7.84%，玉米密度和产量明显提高。2017 年 7 月 19 日，课题组采用“脱毒原种、地膜覆盖、肥料穴施、晚疫病综合防控”等关键技术，在北川县白泥乡鲜艳村组织实施的 26.67hm^2 脱毒马铃薯一级种薯“马铃薯 / 玉米”示范区现场测产，鲜薯平均产量为 27 013.5kg/hm^2，比该地区传统的套作方式增产 20.06%。

青红脆李是川北山区的特色果树，一般行距为 3m，株距为 4m，果树之间间距大，对空间利用不足。课题组在北川县三坪村果林进行马铃薯间作研究，集成创新“幼龄果树 / 马铃薯”技术。马铃薯选用早熟品种，1 月中下旬播种，青红脆李行间起 2 垄，垄宽 80~90cm，高 35~40cm。双行错窝播种。2016 年 6 月 7 日，课题组实施的“青红脆李 / 马铃薯”示范现场测产，马铃薯品种为‘费乌瑞它’，平均产量为 17 443.5kg/hm^2，按地头价 1.6 元 /kg 计算，新增收入 29 409 元 /hm^2。

2015—2020 年，课题组成员积极到绵阳市北川县、平武县，阿坝州壤塘县，甘孜州道孚县、新龙县和雅江县等贫困地区开展马铃薯脱毒种薯宣传和栽培技术培训。累计开展培训 50 余次，培训各类人员 2 000 余人，发放技术资料 300 余份，赠送价值约 4 万元的种薯、肥料和农药。

课题组余韩开宗同志在北川县三坪村宣传脱毒种薯并开展马铃薯种植技术培训

四、延伸贫困山区种薯效益，示范优质种薯高产高效种植技术

课题组积极在平坝浅丘区示范推广马铃薯优质脱毒种薯，针对冬作马铃薯生产中遇到的倒春寒、春旱、人工成本高，秋作马铃薯生产中遇到的烂种、产量低，以及两季生产中的晚疫病防控等问题，开展“脱毒种薯、双膜覆盖 + 滴灌、水肥一体化、全程机械化、种薯轻简化催芽和带芽早播种、适时收获”等技术改进与创新，提升了秋、冬马铃薯的种植效益。目前绵阳市平坝浅丘区种植规模达 30hm^2 以上马铃薯专合社和家庭农场有 20 多个，优质种薯的应用配合马铃薯全程

2016 年 5 月 27 日，盐亭冬作马铃薯全程机械化高产示范现场测产

马铃薯播种、施肥、机防、机收等全程机械化初试成功

40分钟收一亩 效益效率双提升

《绵阳日报》宣传报道马铃薯全程机械化采收

机械化规模化种植，为农户带来产值超 75 000 元 /hm^2 的经济效益，农户购买优质脱毒种薯的积极性逐步提高，将进一步促进贫困山区的种薯产业发展。

2016 年 5 月 27 日，课题组在绵阳市盐亭县组织实施的 26.67hm^2 “冬马铃薯全程机械化高产高效种植”示范区现场测产，示范品种为‘费乌瑞它’，平均产量 52 534.5kg/hm^2，按马铃薯田间收购价 3.5 元 /kg 计算，产值达 183 000 元 /hm^2。

课题组在绵阳市游仙区魏城镇组织实施的“川北平坝区秋作马铃薯高效生产”示范区，采用“种薯高效轻简化催芽、整薯带芽早播、选用秋季适栽品种、提早预防晚疫病、追施叶面肥”等关键技术，解决了秋作雨季引起的烂种问题，同时早出苗延长生育期 20 多天，配合马铃薯淡季上市，产量效益双高。2019 年 12 月 12 日，现场测产，紫色马铃薯品种‘黑美人’鲜薯平均产量为 20 034.3kg/hm^2，按田间收购价 7.0 元 /kg 计算，产值达 140 240.1 元 /hm^2。

发展多目标马铃薯育种，满足贫困地区多元化需求

李华鹏　梁远发　梁　晓

四川省农业科学院作物所马铃薯育种课题组现有科技人员 5 人，其中研究员 1 人，副研究员 1 人，有博士学位的 1 人。课题组针对四川省立体气候特点，在高原贫困山区开展春、秋、冬作鲜食型马铃薯新品种选育和种薯繁育工作，在平坝丘陵区开展新品种高产栽培示范和科技扶贫工作。课题组累计选育川芋系列新品种 15 个，主持的“马铃薯川芋系列新品种创制与配套栽培技术研究与应用”获 2018 年度四川省科技进步三等奖。

一、在峨边县开展马铃薯新品种原种扩繁，助力精准扶贫

2015—2019 年，以马铃薯新品种脱毒原种扩繁为重点，在峨边县开展精准扶贫工作。

2015 年，课题组为峨边县新林镇黄泥村 18 户贫困户送去 30t 马铃薯种薯，其中，示范新品种‘川芋 10 号’0.33hm^2，‘川芋 16 号’1.0hm^2。

2016 年，课题组在峨边县建立脱毒种薯生产田 6.66hm^2，繁育‘川芋 16 号’脱毒种薯 40t。

2017 年，课题组在峨边县继续进行新品种的示范和繁育推广工作，根据前几年的示范结果，确定主推品种为‘川芋 16 号’。‘川芋 16 号’在峨边县种植

66.66hm^2，分别在新林镇 33.33hm^2，宜坪乡 20hm^2，勒乌乡 13.33hm^2。

2018 年，课题组以带动贫困村产业发展为原则，根据各地马铃薯种植水平和农户对原原种接受程度，重点安排在沙坪镇岩悬村、宜坪乡的宜坪村和群力村。全县共在 3 个乡镇 4 个村实施原种基地建设 143.86hm^2，涉及农户 736 户，其中精准贫困户 267 户，723 人。马铃薯原种基地平均产量 30 855kg/hm^2，较常规品种种植区产量提高 16 290kg/hm^2，按当地 1.6 元 /kg 售价计算，收益提高 26 064 元 /hm^2，累计增收 374 万元。

李华鹏副研究员随薯类创新团队在峨边县马铃薯基地考察

峨边金源农业有限公司是峨边县 2018 年新成立的原原种生产中心，具有新建大棚 5 000m^2，可引进脱毒苗生产马铃薯原原种，年生产能力达到 3 000 万粒以上，能满足峨边全县马铃薯生产使用。因缺乏经验，峨边金源农业有限公司在启动原原种生产以后，在生产实践中遇到了大量技术问题。2018 年，针对金源公司生产中脱毒苗不结薯的紧急状况，课题组两次前往公司生产基地调研

李华鹏副研究员在峨边金源农业有限公司现场应急指导解决生产问题

指导，做出了生产应急处理，减少了产量损失。

二、凉山地区新品种新技术示范，深耕凉山脱贫工作

（一）美姑县科技扶贫

2016 年 8 月 2 日，课题组赴西昌市美姑县进行扶贫对接，组建了技术帮扶小组，选取农作乡依色村为重点技术帮扶示范村，技术指导该村‘青薯 9 号’种薯繁育基地的病害防治和收获后贮藏难题，并向美姑县农业局捐赠小型旋耕机一台。

2017 年，课题组为美姑县提供 5 个马铃薯新品种（系）进行适应性筛选试验，其中‘304356-黄’鲜薯产量为 27 195kg/hm^2，‘川芋 16 号’产量 25 395kg/hm^2，均高于当地主推品种产量。

李华鹏副研究员入户开展扶贫调研指导

（二）布拖县科技扶贫

2018 年 2 月 24 日，课题组到布拖县特木里镇特木里村召开有乡镇干部、贫困村干部、包村干部、第一书记、农技员、贫困户等参加的马铃薯生产技术现场

梁远发研究员在布拖县现场进行技术指导

培训会。重点讲解精细整地、选用良种及种薯处理、双行垄作、合理密植、重施底肥、晚疫病综合防治等关键技术。培训农户 85 户，180 人次，发放《马铃薯绿色高产高效栽培技术规范》技术资料 200 余份。

2019 年，课题组为布拖县补尔乡洛堵村提供新品种 6 个进行适应性筛选试验，其中，新品种‘川芋 21’产量达到 35 715kg/hm^2，且商品薯率高，淀粉含量高，在当地可适当发展。

大力发展薯类产业机械化，农民增收、产业发展

刘小谭　吝相根　蒋昭琼

四川马铃薯主要种植在老少边穷地区，受地形、地貌、地块、土壤条件的影响，机械化条件差；农民种植效益低，购买农机的意愿低，购买力不足；青壮年劳动力大量分流到城市等因素导致薯类产业化发展水平低。长期缺乏适用的中小型农机，农机农艺脱节，机械化经验薄弱，农机化技术推广困难，已严重制约了薯类产业的发展。适度规模经营，农机农艺融合，科技培训，示范带动成为解决这一问题的必然。“农业的根本出路在于机械化”这一论断至今仍具有指导意义。四川省农业机械研究设计院高级工程师刘小谭及其团队成员长期在科研和扶贫一线工作，在凉山州昭觉县、布拖县，甘孜州理塘县、阿坝州阿坝县等贫困县和马铃薯重点生产地区开展薯类机械化研究与示范推广，成效显著，受到农户和合作社、企业的欢迎。

一、科研 + 培训，推动全省薯类种植农机农艺融合

为解决马铃薯机械化种植拖拉机和机具选型配套问题，刘小谭一是与薯类种植专家、农业公司及专合社农技人员、机手深入沟通，了解种植农艺及农机使用过程中的问题；二是深入田间地头，调查研究农机适应性问题；三是多次前往山东省调研拖拉机和机具的生产情况，与厂家协商机具改进方案，确定了马铃薯双

行垄作（垄距 1m）模式下，拖拉机参数优化配置方案；四是购置了相关机具进行多次田间试验，验证了选型方案的实用性。最终向多个农业公司和专合社以及研究单位提供选型配套方案，取得了理想的效果。

2018 年 1 月 21 日，岗位专家刘小谭协助四川薯类创新团队在双流区举办“马铃薯全程机械化生产技术及主要机械操作培训会”，培训昭觉、布拖、盐源、甘洛、万源、北川、通江、荣县等地的农机手 30 余人。岗位专家刘小谭在培训会上授课，并全程讲解，接受学员的咨询。通过理论培训、场地培训、田间操作培训，参训农机手对马铃薯全程机械化技术及设备有了更直观的了解，初步掌握了机械化种植技术。来自贫困县的农机手纷纷表示，要把学到的技术和先进理念带回去，促进马铃薯生产机械化，为家乡脱贫做贡献。

刘小谭在双流现场培训贫困地区农机手

课题组指导凉山州良圆马铃薯种业有限责任公司申报成功 2019 年度四川省科技扶贫项目“凉山州昭觉县马铃薯种薯产业化发展关键技术集成示范（示范基地）”，指导理塘县康藏阳光农牧科技开发有限责任公司申报成功 2020 年度科技扶贫产业发展项目“理塘县高原特色马铃薯机械化生产技术应用示范”，并技术指导项目的实施。

二、积极参加四川薯类创新团队科技扶贫

2015 年以来，课题组多次深入革命老区北川县禹里乡望江村开展“技术走基层”帮扶活动。从整地、薯种选择和准备、播种、田间管理、收获各个环节进行了技术指导。针对帮扶对象地处山区，地块较小，坡度大，机械化条件差，贫困老区农机购买能力低的问题，课题组提出了以微耕机和田园管理机为主的农机配

套建议，重点强调了农机手安全作业，获得了帮扶户的一致认可。收获期，示范区马铃薯净作产量达 37 500kg/hm^2，套作产量达 22 500kg/hm^2，比传统种植区增产 20%~30%。

2016 年 3 月 23 日，课题组冒着严寒，克服山高路滑等困难，按时赶到成都市政府帮扶的马铃薯产业扶贫及全程机械化项目实施地点——甘孜县拖坝村，开展马铃薯机械化生产技术指导，为示范区提出机具选型配套意见，帮助联系中耕机轮胎选购，使项目得以顺利实施。

刘小谭参加“科技扶贫万里行”在昭觉县火普村调研

2017 年 11 月 7 日，刘小谭高级工程师参加凉山州农牧局组织的“凉山州深度贫困县产业扶贫规划”专家评审会，特别强调了马铃薯机械化在扶贫工作中的重要作用。

2018—2019 年，参加科技扶贫万里行活动，加入马铃薯产业技术服务团。在昭觉县专家团队开展了马铃薯产业技术培训会，培训昭觉县农牧局、各乡农技员等马铃薯产业技术骨干 60 余人。先后到凉山州西昌农业科学研究所高山作物站、昭觉县良圆马铃薯种业有限公司考察指导，到城北乡洼古村、日哈乡古尔以打村、洒拉地坡乡尔打火村、解放乡火普村，对专业合作社、科技示范户、贫困户进行培训和生产技术指导，普及马铃薯机械化生产技术，培训农民 200 余人。活动期间发放培训技术资料和书籍 300 余份。

三、参加农业农村部理塘县、昭觉县马铃薯全程机械化示范创建项目

受农业农村部农机化管理司委托，刘小谭高级工程师承担了“理塘县、昭觉县马铃薯全程机械化示范创建”项目（125D0101）。2019 年 5 月 20 日，协助农

业农村部农业机械化管理司及15家爱心企业，对四川省凉山州昭觉县、阿坝州红原县、甘孜州理塘县开展了“情系‘三区三州’，爱心农机助力脱贫攻坚”的捐赠活动。对3个深度贫困县共捐赠农机具83台套、价值近150万元，其中捐赠昭觉县农机具14台套，价值40万元（可用于马铃薯机械化生产的设备13台）；捐赠理塘县农机具28台套，价值52万余元（可用于马铃薯机械化生产的设备3台）。所捐赠机具均是当地产业发展实用的农业机械，将促进当地农业产业的发展和农机化水平的提升。

项目组成员参加农业农村部爱心农机捐赠活动

项目组先后到定点扶贫村对马铃薯机械化生产进行调研和指导。首先了解村上主要农业产业、现有农机及合作社情况，马铃薯种植面积、地形及耕作方式等基本情况；然后寻找适宜机械化作业的地块，提出马铃薯机械化生产的方案。同时进行产业扶贫科技培训3次，培训120余人次。

四、在全省开展薯类机械化技术示范，推动机械化效果显著

2015年5月，课题组到阿坝州若尔盖县唐克镇白河牧场示范基地（$300hm^2$）指导马铃薯机械化播种。该基地是当时四川省最大的连片种植基地，由两个业主承包经营，对播种效果表示满意。

2015年12月，课题组为射洪县柳树镇青杠村马铃薯种植基地（$33hm^2$）提供拖拉机1台，播种机1台，中耕机1台，进行机械化播种示范；2016年2月，进行机械化中耕示范，示范村对播种、中耕效果表示满意。

2016年，课题组协助凉山州农业科学研究所购置马铃薯机械。此后多次参加在昭觉县城北乡洼古村、洒拉地坡乡尔打火村、四开乡等地的试验示范。为昭觉

培训的机手，已能熟练使用整套马铃薯机械。在洼古村示范时，为了播种机能顺利作业，彝族老乡主动把土地上的界石挖起来，播种机开过去后再放回去，比传统人工摆种提早一个星期完成，节约的时间方便了农民春节后进城务工。

刘小谭在昭觉指导农机手操作

2016年，甘孜县拖坝村30hm^{2}马铃薯基地在国家马铃薯产业技术体系、四川薯类创新团队及成都市、甘孜州专家合作下，马铃薯全程机械化示范取得成功。课题组参与培训了农机手，提高了作业质量，使当季马铃薯产量比传统种植区提高了2倍，提升了当地干部群众对马铃薯机械化生产的认识。

2017年3月，课题组参加在广元市朝天区曾家山基地（80hm^2）举办的广元市马铃薯全程机械化技术推广现场会，为大会提供播种机用于现场示范，并提供技术指导。

刘小谭在广元指导马铃薯机械化播种

2018年7月，课题组来到甘孜州稻城县省母乡协助解决马铃薯加工设备升级改造的问题。这是甘孜州唯一的马铃薯淀粉加工厂，海拔3 670m。由于前期设备配套不完善，生产效率低、淀粉质量差，操作人员不能正常使用和维护设备。如不及时解决会导致收获后的马铃薯无法加工，贫困户的收入将受到很大影响。课题组提出了具体改进方案，增加配置除石、浸泡清洗、旋流精制、真空脱水等设备，帮助规划车间布置、联系生产厂家。2018年11月，生产线改造升级后，淀粉质量有了质的提升，获得了县、乡政府的一致认可。

2019年11月，课题组到位于宜宾市高县复兴镇治安村的宜宾市顶古山薯业

刘小谭在宜宾指导甘薯淀粉加工

宜宾顶古山公司给省农机院刘小谭送锦旗

有限公司开展甘薯加工技术指导。为公司紧急提供薯渣脱水设备，并进行安装调试，指导技术人员进行淀粉加工生产。同时对淀粉加工设备的安装和试用情况进行了评估，提出了安全生产和节水整改意见。薯渣脱水设备安装调试完毕后，进行脱水性能试验。对公司技术人员就脱水设备的使用方法、注意事项进行了操作培训。公司对设备的脱水性能、处理能力与生产线的匹配效果相当满意，该技术及设备解决了当地甘薯加工生产中的一大难题。

天高路远种薯扩繁，土豆花开山区高原

郑顺林　袁继超　马海艳

“雪山下，土豆花，锅圈馍馍酥油茶；科技扶贫结友谊，中华民族是一家。”

马铃薯的主战场在山区，在少数民族聚居区，在连片贫困区，马铃薯是他们的主食，是其产业的主导，做好了马铃薯工作，解决好了马铃薯生产瓶颈问题，就解决了这些地区百姓脱贫致富的大问题，因此从某种意义上讲，搞好马铃薯产业，就是做好民族团结的产业。

郑顺林教授长期从事薯类作物的高产优质高效栽培技术研究及推广，将教学、科研、社会服务紧密结合，以省委统战部“同心·专家服务团”专家，四川省人社厅专家服务团、四川省科技厅科技特派员，借助科技扶贫万里行及“三区”人才项目等平台，充分发挥专业技术专长，以马铃薯良繁技术示范推广为抓手，助力科技扶贫工作，保障农民增产增收，起到了积极的作用。

一、但愿苍生俱饱暖，不辞辛苦入山林

几年来，郑顺林教授深入四川省汉源、宝兴、稻城、理塘、布拖等贫困县市，开展调研工作，不惧山高路远、行路艰险。有一次到汉源筛选适合当地生产的马铃薯新品种，因泥巴山下雪堵车，他拖着种薯在山上又冷又饿，但心里还时时想着车上的种薯不能被冻坏，想办法为种薯保暖御寒，平时 3 个小时的路程在那天

足足耗费了18个小时。还有一次，在到凉山州会东县指导当地的马铃薯脱毒种薯高效扩繁的路途中，因为地面泥泞不堪，汽车到半路就无法行进了，他们一行人只得下车步行，往返30多千米，走得腿发软，脚起泡。但这些都难不倒他们，郑教授对大家说："搞农业科研，特别是马铃薯科研，生产基地大都在边远的山区，我们不到生产一线，不了解老百姓的实际需求，就做不出能够带动产业发展的科技成果，所以我们一定要适应过这种'苦日子'，才能领略到自然的美景和农户丰收时笑容的甜蜜。"

郑顺林教授在布拖县田间指导马铃薯苗期管理

只要有时间，郑教授就深入田间地头，同群众一边干农活一边了解生产情况，在实践中探索分析基层农业的发展状况，了解农民的生产实际需求。从生产一线提炼课题研究方向，将老百姓的实际需求与科研项目紧密结合，把田野和沟渠当作科学实验室，又将科研成果应用于生产实际，为百姓产业发展、脱贫致富提供技术支持。他时常给农民宣传扶贫政策，交流脱贫致富经验，和老百姓探讨产业发展的技术难题，和群众打成一片，与老百姓做朋友。老百姓都喜欢这位个子虽不高，但亲切和蔼的郑老师。

郑教授特别重视马铃薯新品种的筛选，因为马铃薯对温光条件较敏感，四川种植区属于立体生态气候特点，与马铃薯起源地气候有较大的差距，因此，发展马铃薯产业成功的关键是筛选适合不同区域的马铃薯新品种。为此，从国外及国内各地育种单位征集马铃薯新品种，在不同生态区进行新品种生态适应筛选，筛选出符合当地需求的高产优质品种。初步统计，2015年至今，收集到马铃薯品种100余个，筛选出符合盆周山区的高产优质品种'陇薯3号''川芋117''鄂薯5号''新大坪''坝薯10号'等品种；筛选出符合川西高原的高产品种'青薯

9 号’‘川凉薯 9 号’和‘川凉薯 7 号’；筛选出适合川西平原区的高产优质品种‘希森 6 号’‘中薯 5 号’‘费乌瑞它’‘兴佳 2 号’。筛选出的新品种比当地传统品种增产 10%~15% 以上，增收 6 000~7 500 元 /hm^2，为马铃薯提质增效、高产优质栽培奠定了良种基础。

六年来，郑教授在雅安、甘孜、阿坝、凉山等市州十多个贫困县深入农村，在关键农事季节（春播、春管、收获）深入到田边地头，广泛开展农业技术培训和传播，为这些贫困县的农业发展问题对症下药、精准施策，帮助他们解决产业发展中的道道难题，累计开展马铃薯高产优质栽培技术培训 50 余场，直接培训 2 000 余人。与布拖县农业农村局签订了长期帮扶协议，建立长效可行的帮扶措施，共同解决马铃薯产业相关技术难题。在他的带动下，许多农民通过发展马铃薯产业，过上了好日子，腰包鼓了、脸上乐开了花儿。每当看到贫困户脱贫后的笑容，以及群众对他满怀期待和信任的目光，他心里总是美滋滋的，知道自己的工作得到了老百姓的认可，他的工作有意义，有价值，所有的辛苦化作甜蜜。

郑顺林教授在汉源县皇木镇为当地农户讲解高山马铃薯脱毒种薯生产技术

郑顺林教授在甘孜州新龙县为生产大户培训高原马铃薯高产优质栽培技术

二、扶贫攻坚需技巧，术业授渔有专攻

科技扶贫的优势是什么？郑教授长年致力于向农户传授种植技术，有着自己的见解。“授人以鱼，不如授人以渔”，他认为“真正的产业发展不仅需要物质基础，技术也是产业发展的重要推手。”针对目前马铃薯单产水平较低，重要原因之一就是脱毒种薯普及率不高，种薯退化严重的问题，在系统比较研究不同世代种薯萌芽与生长发育特性，营养、光合与块茎发育生理等基础理论基础上，深入研究原种扩繁（原原种到原种）和生产种扩繁（原种到生产种）的关键技术，分类优化集成其高效扩繁技术规程，制定技术标准，并构建脱毒优质种薯高效扩繁与推广应用体系，解决了脱毒种薯休眠期长、种薯小、抗逆能力弱而带来的成苗率低、保苗难度大和因长势弱、单株结薯能力差带来的扩繁效率低的技术难题，大幅度提高扩繁系数和扩繁效率，降低了脱毒种薯生产成本，加快了四川马铃薯脱毒种薯的推广应用速度，提升了我省马铃薯生产的科技含量和生产水平。通过这些技术的攻关及推广应用，极大地降低了生产成本，迅速扩大了种植规模，成为当地农民脱贫致富的主导产业。

要获得老百姓的认可，一是怀着不计名利的责任感参与社会服务；二是紧密结合自身专业优势开展科技扶贫；三是深入生产第一线，不怕山高路远。这是他参加这么多年扶贫工作的真切体会。作为四川薯类创新团队的岗位专家，他将自己研究的科研成果第一时间拿到生产一线去示范、推广。2016 年，在汉源县实施的原原种扩繁原种高产示范中，以 3~5g 原原种做种，产量达到 42 750kg/hm^2 以上，繁殖系数达到 20 倍以上，远高于传统生产中 10 倍左右的繁殖效率。2018 年，在凉山州会东县大崇镇进行的原种扩繁高产示范中，产量高达 82 500kg/hm^2，创造了当年四川省马铃薯良繁的高产纪录，在扣除生产成本后，收入达 15 万元 /hm^2。“小小马铃薯，却带来大收益”，马铃薯原种高效扩繁技术的推广应用，有效地促进了四川贫困山区马铃薯良种繁育体系的建设，为当地打赢脱贫攻坚战 ，帮助百姓脱贫增收，做出了应有的贡献，也加速了脱毒种薯在四川的推广应用，为四川

省马铃薯产业的发展提供了有力的科技支撑。

三、问渠哪得清如许，为有源头活水来

科学研究就是为地方产业发展提供源源不断的动力，而地方产业的发展更需要科学的规划引领，二者有着密不可分的关系。在做好教学工作、开展科学研究、服务产业发展的期间，还应该注重地方产业发展规划，积极为地方产业健康发展建言献策。郑顺林教授先后参与编制了“宝兴县有机产业发展规划”“巴中市现代种业发展规划”“叙永县新农村产业发展规划”等规划中的马铃薯产业规划，参与了四川农业大学组织的“45个深度贫困县总体扶贫方案”中7个县的扶贫方案编写工作，制定四川马铃薯地方标准及主推技术4项，规范马铃薯高产优质栽培，对促进地方特色产业发展起到了积极作用。

六年来，郑教授带领课题组，与地方和企业共同完成了“紫色马铃薯新品种关键技术示范与推广”“彩色马铃薯良种繁育及其高产高效示范与推广”“马铃薯品种良繁体系建设及良法配套技术研究”等10余项课题，解决地方及企业发展急需的关键技术，为地方经济发展起到了积极的推动作用。

为了促进成果转化，让老百姓获得实实在在的收益，郑教授主动与企业合作，采取“公司+基地+专家+农户”的合作模式进行马铃薯产业扶贫，扶贫范围包括简阳市2个贫困村建设脱毒马铃薯原原种生产基地，理塘、布拖等县共计200hm^{2}的良种繁育高产基地建设，通过公司回收种薯，帮助农户销售产品，助力增收。将公司优质脱毒种薯种苗推广到贫困地区，在农户种植过程中，全程提供栽植培训和技术指导，农户收获种薯后，公司以保底价格回收马铃薯种薯，促进农民增收，累计回收15 000余t，带动贫困村14个，贫困人口800余人，平均每年可为每户增收4 000元。其扶贫工作也得到了社会的认可，先后3次获民革雅安市委科技扶贫及社会服务先进个人，获得2017年度“民革中央全国社会服务先进个人”称号。

健康生活，多食富硒马铃薯

赵思毅　范香全　杨小莉

达州市农业科学研究院马铃薯课题组现有从事马铃薯育种、繁育与推广的科技人员16人，其中推广研究员1人，高级农艺师8人，有博士学位的1人，硕士3人。课题组紧紧围绕全市马铃薯产业的热点及关键技术难题开展科技攻关与产业扶贫，主要开展富硒马铃薯品种选育、川东北高质量高效率脱毒种薯繁育新体系建设、科技扶贫万里行和“三区”人才科技扶贫等工作，助力达州市发展为川东北重要的马铃薯新品种育种基地、脱毒马铃薯原原种生产基地，万源市成为川东北重要的脱毒马铃薯种薯繁殖与供应基地。

达州市农业科学研究院马铃薯课题组主要成员

一、聚焦脱贫任务，科学谋划谱新篇

达州市是革命老区、贫困地区、秦巴山区集中连片扶贫开发重点地区，贫困面宽、量大、程度深。课题组把脱贫攻坚作为最大的政治责任、最大的民生工程、最大的发展机遇，按照市“13221”脱贫攻坚工作思路，全力攻坚克难，推动马铃薯科技成果发挥“短平快”作用。课题组对达州市马铃薯产业发展情况进行长期跟踪调研，总结产业发展中存在的瓶颈问题，围绕脱贫任务科学谋划马铃薯产业发展规划助力全市脱贫攻坚，拉动脱贫攻坚这辆大马车。

2016年，撰写的《大竹县马铃薯主粮化发展探索》，从制定产业发展规划、重点发展马铃薯鲜食产业、推广轻简化栽培技术、开展马铃薯机械化应用等多方面系统的有针对性地提出发展策略，被大竹县政府采纳。大竹县在接下来几年大力开展“秋马铃薯稻草覆盖半浅耕轻简化栽培”“马铃薯—玉米—苎麻”“马铃薯—水稻—马铃薯”等种植新技术、新模式示范推广。2018年，撰写的《关于达州市马铃薯产业发展建议》，获达州市副市长批示。2020年，课题组对万源市马铃薯种薯繁育基地和万源市花萼绿色食品有限公司进行调研，撰写的《万源市马铃薯产业发展建议》，针对存在的问题提出以“62122”建设思路（即扩大面积6万亩、建设2个基地、1个园、培育2个企业和打好2张牌），被万源市人民政府采纳。

二、紧盯薄弱环节，突破瓶颈补短板

2015—2020年，课题组自主选育马铃薯优质高抗新品种、建立脱毒种薯繁育体系、集成绿色高效栽培技术体系，并通过“育繁推一体化”“协会＋龙头企业／专合社＋基地＋农户＋市场”生产经营新模式、打造区域特色品牌等多种途径，

赵思毅研究员在万源市茶垭乡调查马铃薯田间长势

赵思毅研究员在万源市堰塘乡种薯繁育基地田间指导

在川东北贫困地区推广应用面积达 48 万 hm^2，形成的科技成果“马铃薯新品种选育与提质增效关键技术研究与应用”获 2018 年度四川省科技进步三等奖，科技成果“马铃薯新品种绿色高效技术集成应用”获 2016—2018 年度全国农林牧渔业丰收奖农业技术推广成果奖三等奖。

（一）育品种推技术，突破单产低的技术瓶颈

在达州为代表的川东北贫困地区马铃薯品种单一、平均单产低、技术普及率低，一直是制约达州市马铃薯产业发展的瓶颈。课题组研究并重点推广以“优质品种脱毒良种、严格种薯处理、高厢垄作双行错窝栽培、密植早播地膜覆盖、粮经复合种植、高效测土配方平衡施肥、病虫绿色综合防控”为关键技术的川东北马铃薯新品种绿色高效技术，突破了限制马铃薯单产提高的技术瓶颈。在达州市常规栽培技术平均产量 18 000kg/hm^2 的基础上，采用新技术普遍增产 4 470kg/hm^2 以上，实现品种选育、技术普及跨越式提升。

（二）创新种植模式，突破农户的产值极限

课题组在达州市积极发展“吨粮田、五千元”粮经复合种植模式，“水稻—秋马铃薯 / 油菜”成为粮经复合模式的典型代表。该模式中，秋马铃薯平均产量达 16 845kg/hm^2，平均单价 3 元 /kg，平均产值达 50535 元 /hm^2。创新应用川东北秋马铃薯稻草覆盖半浅耕轻简化栽培模式和“薯—稻—薯”（“马铃薯—水稻—马铃薯”）种植新模式，实现了全年粮食“产量过万斤、产值过万元”的“双万”目标。

（三）创建高产示范，多次创下高产纪录

2016—2018 年，课题组在万源市白沙镇、茶垭乡、八台乡开展了 6.6hm^2 高产攻关、66.6hm^2 展示区、666.6hm^2 示范片高产创建活动，平均产量分别达到 66 150kg/hm^2、46 500kg/hm^2、41 340kg/hm^2。2016 年，课题组在宣汉县龙泉乡鸡坪村开展 6.6hm^2 马铃薯高产攻关，平均产量 45 900kg/hm^2。2017 年，课题组

课题组在达川区木子乡新品种、新技术示范创平坝区高产纪录

在达川区木子乡实施 6.6hm^2 优质高产马铃薯新品种及高效生产技术示范，平均产量 43 740kg/hm^2，较对照区增产 66.59%。在高产创建活动中，当地农技员及农户受到极大的鼓舞，对于促进马铃薯产业发展及百姓脱贫增收起到积极作用。

三、强化科技引领，专家倾力传真经

（一）多渠道选派技术专家扶贫

课题组积极开展科技人才助力脱贫工作，专家活跃在达州市各县市区及凉山州、甘孜州等深度贫困地区开展技术指导、培训等科技扶贫活动。期间，共派出省级科技特派团专家 1 名，省“科技扶贫万里行活动”专家 1 名，省市科技特派员、“三区”科技人员 7 名，省“万名农业科技人员进万村技术扶贫活动”专家 3 名，国家级贫困县万源市幺滩村科技扶贫结对帮扶专家 5 名。

（二）多方式助力贫困地区增收

课题组始终坚持“技术进农家、脚印进田地、成果进粮仓”扶贫理念，通过技术培训、赠送物资、建立基地、培育企业等途径，大力实施科技创新成果的

课题组在万源市诸葛坝村帮扶贫困户种植马铃薯

转化应用，打造造血式扶贫产业，促进贫困地区农民增收、农业增效。对企业、农户、专合社共进行技术培训 20 余次，培训农民 1 059 人次；无偿赠送肥料 10.67t、脱毒原原种 8.05 万粒、脱毒种薯 24.32t、农膜 238kg；建立科技示范基地 4 个，规模达 49hm^2；引进、实施脱贫攻坚项目 3 项，项目资金 70 万元；直接帮扶 5 个贫困村，304 户贫困户人均年收入增收 1 000 元以上，贫困村、贫困户均全面脱贫。

（三）科技人才扶贫工作获表扬

近年来，课题组科技人员会同达州市农业科学研究院其他科技人员始终坚持服务“三农”、科技下乡，为推动全省农业强、农民富提供了科技支撑与智力支持，带动贫困村脱贫致富，取得了显著成效。2020 年 4 月 26 日，达州市农业科学研究院获四川省科学技术厅“科技特派员先进单位”通报表扬（川科农［2020］5 号）。

四、突破市场瓶颈，能产能销效益高

（一）创新经营模式，促进产销一体化

为解决马铃薯的市场生产经营问题，课题组创建“协会 + 龙头企业 / 专合社 + 基地 + 农户 + 市场”马铃薯生产经营新模式。目前，全市已培育马铃薯龙头企业 5 家，专合社 23 个，打造马铃薯生产基地达 3 333hm^2，辐射带动全市农户 3.7 万户。同时，在企业、专合社基础上组建了“万源市马铃薯协会”，以协会为纽带将龙头企业、专合社、基地、农户、市场连为一个有效整体。2016 年，“万源市马铃薯协会”被中国科协、财政部授予“全国科普惠农兴村先进单位”称号。以龙头

企业和专合组织为平台，协会为纽带，通过与上海百事集团等强企合作，万源马铃薯的生产、销售不断上新台阶。

（二）挖掘区域特色，打造特色品牌

万源市是四川省天然富硒区，是中国三大富硒带之一。为充分发挥这一地域优势，课题组与万源市农业局共同努力对万源马铃薯营养价值研究，2015 年 12 月 4 日，“万源富硒马铃薯”获得了国家质量监督检验检疫总局颁发的“生态原产地产品保护证书”。“万源马铃薯”特色品牌效应已初步显现，万源已成为四川省最大的天然富硒脱毒马铃薯和菜用薯生产供应基地。

（三）实现能产能销，助力百姓脱贫

在全国脱贫攻坚决胜关键时期，课题组多途径推动马铃薯产业发展，对促进山区农民脱贫致富、增加当地农民收入起到了积极推动作用。以万源市堰塘乡、长坝乡、茶垭乡、官渡镇为例，4 个乡镇依靠马铃薯产业年均增收 2 350 万元，3 215 户贫困户 8 539 人脱贫摘帽，人均增收 529 元 / 年，实现了科技成果的市场价值和社会价值，为贫困地区经济增收、社会发展做出了积极贡献。

肤色渐深终不悔，情系扶贫促发展

李佩华　陈金发　林　巧　蔡光泽

西昌学院四川省高等学校马铃薯重点实验室及四川省高等学校马铃薯工程技术中心现有从事马铃薯育种、栽培、加工的科技人员11人，其中教授3人，副教授5人，有博士学位的6人。根据四川薯类创新团队的工作要求，紧紧围绕民族贫困地区马铃薯产业的热点及关键技术难题开展人才培养、科技攻关与产业扶贫。

一、围绕马铃薯绿色生产关键技术研究和优质高产新品种选育，开展科教扶贫工作

（一）布拖县扶贫

2015年以来，李佩华副教授先后参加彝家新寨建设、国家精准扶贫工作，根据各县、市特色大力打造主导产业、优势产品，合理开发当地资源，增强贫困地区发展内生产力，积极推广马铃薯种植的良种良法。

在布拖县采哈乡延务村、合洛村开展科技帮扶，为两个高山村贫困农户带去了脱毒马铃薯种薯和肥料、农药、农机具，并开展现场指导示范。2016年，为布拖县采哈乡延务村、合洛村带去马铃薯新品种脱毒优质良种5t，2017年带去2t种薯、5t高钾复合肥、10台机动喷雾器、3.33hm^2晚疫病防治药剂；2018年带去3t种薯、10t高钾复合肥、6.67hm^2晚疫病防治药剂；2019年带去2t脱毒乌洋芋良

种、10t 优质腐熟羊粪、2t 高钾复合肥、3.33hm^2 晚疫病防治药剂；2020 年带去 10 000 粒优质脱毒乌洋芋原原种、10t 优质腐熟羊粪、5t 高钾复合肥，分别指导两村建设了乌洋芋良种繁育基地。

（二）普格县扶贫

2016 年底，李佩华副教授被安排至普格县东山乡开展“三区”人才科技帮扶工作。2017 年 2 月 11 日，元宵佳节前往普格县东山乡吃补你村，深入调研当地农业生产情况：一是东山乡吃补你村当地农户科技意识淡薄；二是当地 6—7 月多雨水，晚疫病发生严重；三是当地乌洋芋品种种植了 30 年以上，产量、品质一直在退化，薯型不好，没有竞争优势等情况一直困扰着种植户。针对以上情况，课题组采集了当地的特色乌洋芋做品质检测，并自 2017 年开始对普格高山乌洋芋进行提纯复壮，脱毒生产，目前已成功繁育脱毒种薯 5 万余粒，在各处试种。

2018 年，李佩华副教授课题组在东山乡吃补你村种植西昌学院选育的紫花马铃薯新品系“HB1023-16”，其品质较当地传统的乌洋芋更好，高淀粉、富含花青素，受到当地农户欢迎。在 7 月马铃薯关键生育时期，课题组向该村捐赠防治马铃薯晚疫病的喷药器械及药剂，并详细向相关人员讲解了如何防病及操作这些器械。

2019 年 10 月 8 日，课题组在甘天地乡甘天地村不同的地块里测产，乌洋芋平均产量 32.25t/hm^2。在乌洋芋种植项目实施后，种植户们户均增收 20 000 元以

普格县创高山乌洋芋高产纪录

普格县科技扶贫项目赠送种薯和肥料

普格县三区人才帮扶项目马铃薯现场测产验收

上，使种植户们对未来乌洋芋的种植充满信心。

为加强对普格县农户的帮扶力度，2016—2020 年，课题组选择在普格县五道箐乡一村同时开展马铃薯品种选育和栽培技术研究工作，每年为当地 30 余户农户带去务工收入及土地租金 20 余万元，几年下来，投入当地的经费达七八十万元，直接增加了当地农户的工资性收入。

（三）宁南县扶贫

2015 年 3 月 16 日，课题组在宁南县景星乡黑泥村 6 组实施的秋马铃薯高产栽培示范区现场测产，选用品种为‘丽薯 6 号’优质种薯，上年 9 月中旬播种，采用小整薯播种和切薯播种两种方法。小整薯播种，产量为 64.74t/hm^2；切薯播种，产量为 45.97t/hm^2。示范区产量较非示范区常规栽培增产 25% 以上。秋马铃薯上市价格一般 3 000~4 000 元 /t，增产增收效果显著。

（四）越西县扶贫

2017 年 4 月 9 日，中共凉山州委书记前往越西县大屯乡调研由课题组李佩华副教授技术负责的 13.33hm^2 大棚反季节马铃薯标准化生产基地。在了解到基地的马铃薯全部实现订单生产销售，马铃薯外销价格 3 元 / kg，经济效益十分好后，对发展错季马铃薯特色优势产业取得良好经济效益的做法给予了肯定。

二、围绕产业关键技术，开展马铃薯加工技术研究与应用

提高马铃薯的附加值，抓好马铃薯产业发展对凉山州的精准扶贫具有重大意义。但目前凉山州马铃薯深加工产品面临同质化竞争严重，深加工产品在国内外无技术优势，市场前景受限。2015 年以来，课题组研发形成烘焙类、蒸煮类、油炸类等 20 余种马铃薯系列新产品，主要有：马铃薯豆腐、马铃薯馒头、马铃薯曲奇饼干、马铃薯白酒、土豆纸等。其中土豆腐乳、马铃薯白酒已在凉山州实现科技成果转化，马铃薯白酒已获得“四川扶贫”标志。

课题组通过与企事业单位合作，采用“高校 + 企业 + 农民合作社”的模式，与凉山州当地农民合作社进行合作，通过订单式收购凉山州当地马铃薯，帮助建档贫困户 200 余人。截至 2020 年 6 月，已收购建档贫困户的马铃薯达 1 150t 以上。

目前凉山州相继建成投产不同规模的加工企业，凉山州马铃薯加工营销链条初步形成，正在逐步从低质低效向高质高效转变。

一是在 2020 年课题组和昭觉县现代农业投资发展有限公司合作，共建“昭觉县马铃薯产业科技园”，总投资 5 亿元，产业园占地 333hm^2。该产业园建成后每年将采购昭觉县马铃薯不低于 15 000t，全力支持昭觉县 55 个贫困村的产业发展，帮扶建档贫困户 20 000 户以上。

二是课题组与布拖县布江蜀丰生态农业科技有限公司开展马铃薯初加工、贮藏及主食化产品生产方面的合作，提高马铃薯附加值和延伸马铃薯产业链。共同

西昌学院研发的土豆腐乳、土豆酒、土豆饼干等加工产品投放市场

承担了四川省科技厅项目“布拖县马铃薯全产业链技术集成与示范（示范基地）”。

三、持续开展马铃薯高产创建和示范生产，以点带面，成效显著

（一）马铃薯高产示范

课题组把最好的论文写在田间，通过示范引领，用最生动形象的实际效果展示给农民看，从而带动马铃薯生产提质增效。

2017 年，普格县马铃薯原原种扩繁原种生产超高产示范：8 月 7 日，课题组在凉山州普格县五道箐乡村实施的马铃薯原原种扩繁原种高产攻关示范现场测产。品种为‘青薯 9 号’，选用原原种大小为 5~10g，核心区面积 0.13hm^2，产量为 66.30t/hm^2。示范区 23hm^2 马铃薯也喜获丰收。

2018 年，会东县马铃薯原种扩繁生产种超高产示范：7 月 25 日，课题组在凉山州会东县大崇镇黑嘎小河沟村六组实施的马铃薯原种扩繁生产种高产攻关田现场测产。品种为‘青薯 9 号’，核心区 0.15hm^2，鲜薯产量 58.36t/hm^2，重量繁殖系数 27.85。示范区 23hm^2 马铃薯长势良好，增产增收效果显著。

2018 年，普格县特色乌洋芋高产示范：9 月 16 日，课题组在普格县东山乡吃补你村实施的 0.17hm^2 特色地方品种乌洋芋提纯复壮高产栽培示范现场测产，平均产量 45.81t/hm^2，创造了乌洋芋高产纪录。示范区 26.67hm^2 马铃薯长势良好，晚疫病得到有效防控，增产增收效果显著。

2019 年，布拖县马铃薯高产栽培示范：8 月 15 日，课题组在布拖县采哈乡延务村、合洛村实施的 133.33hm^2 高产栽培示范区现场测产，种植的‘西芋 3 号’平均产量 35.25t/hm^2，乌洋芋平均产量 19.50t/hm^2，‘青薯 9 号’平均产量 36.30t/hm^2。示范区马铃薯长势良好，晚疫病得到有效防控，高产创建增产增收效果显著，有力促进特色产业发展及高寒山区群众脱贫奔康。

2019 年，普格县特色乌洋芋高产栽培示范：9 月 17 日，课题组在普格县甘天地乡甘天地村实施的特色乌洋芋高产栽培示范区现场测产，核心区 0.1hm^2 平均产

量 40.5t/hm^2。示范区 20hm^2 平均产量在 30t/hm^2 以上，增产增收效果显著。

（二）新品种选育及新技术推广

课题组在做好现场示范的同时，广泛开展种植技术和晚疫病防控技术讲解培训；在布拖县开展“阳光工程”培训，并编写培训教材；在凉山州委党校为全州乡科级领导讲授马铃薯种植技术；在喜德、木里、美姑等 10 余个县发放彝汉双语马铃薯种植技术教材 5 000 册。

课题组选育的马铃薯新品种‘西芋 1 号’‘西芋 2 号’‘西芋 3 号’‘西芋 4

李佩华在布拖县开展马铃薯种植技术培训

课题组编写的彝汉双语马铃薯种植技术培训手册

号’，在生产上大面积推广应用。集成创新的“四川省攀西地区秋、冬作马铃薯栽培技术”被列为 2019—2020 年四川省农业主推技术。

聚焦马铃薯主粮化战略，服务马铃薯产业开发

张千友

张千友副教授是经济学博士，2015年以来，长期在贫困山区从事农业经济管理问题的调查研究工作。2016年出版的专著《中国马铃薯主粮化战略研究》获得凉山州政府第十六次哲学社会科学优秀科研成果一等奖。

一、聚焦马铃薯主粮化国家战略，情系马铃薯主食化开发

2015年，农业部提出实施马铃薯主粮化战略以来，张千友结合自己农业经济管理方面的研究特长，积极参与马铃薯主粮化战略研究。在西昌学院马铃薯办公室工作期间，积极参与四川省教育厅重点人文社科基地“马铃薯主粮化战略研究中心”论证并获立项实施。将“马铃薯主粮化战略研究”作为博士后研究内容，围绕马铃薯生产周期波动、成本收益、农业技术推广、流通体系、价格波动、国际贸易等方面，展开了全面系统的研究。撰写了专著《中国马铃薯主粮化战略研究》。

二、关注小农户与大市场对接，调查研究马铃薯专业合作社

农民专业合作社是连接小农户与大市场的桥梁和纽带。在广大贫困山区，马铃薯农民专业合作社发展相对滞后，严重阻碍了马铃薯产业做大做强。为此，张

千友选择凉山州西昌市、会理县、德昌县、会东县、普格县等县市150余家符合研究条件的合作社作为调研对象，采取入户访谈、填写调查问卷等方式获取第一手原始资料，全面系统地探索凉山农民专业合作社发展的整体成效、生存现状、内部治理等问题。在此基础上，结合田野调查的实际情况，提炼出凉山新型农民合作社发展面临的六大问题：发展资金缺乏，融资渠道偏少；劳动力素质不高，新型职业农民难以形成；农业技术缺乏，科技兴农任重道远；合作社组织松散，部分合作社名存实亡；产品缺乏销售平台，市场推广难度大；农业保险体系缺失，面临“自然 + 市场”双重风险威胁等。

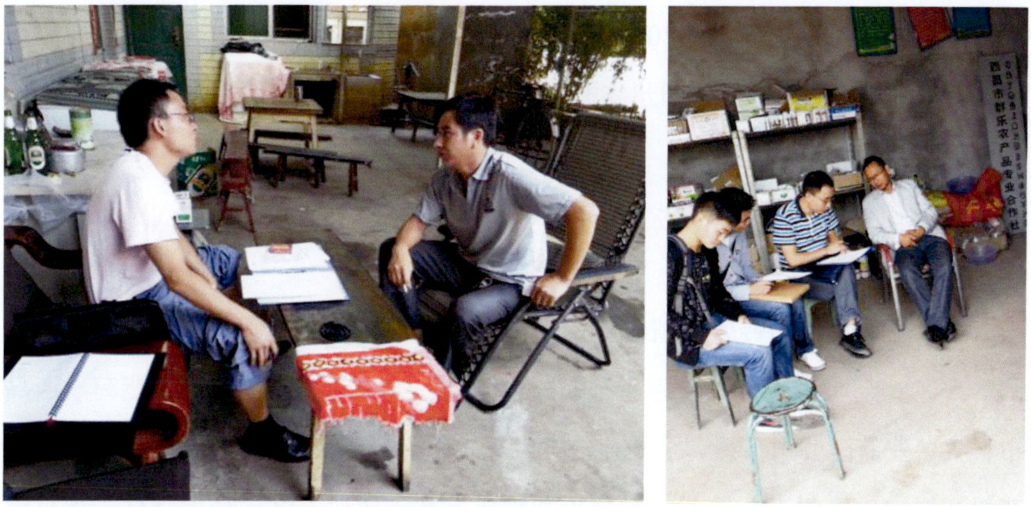

课题组到合作社进行调研

课题组特别关注凉山州新型农民合作组织发展的成功经验，收集了大量的优秀合作社案例素材，并按照种植业、畜牧业、服务业、林业等划分标准，分别选择了部分典型的合作社，分别从他们成立过程、内部管理、经营状况、利润分配等方面进行梳理，条分缕析，尽可能地还原每一家合作社的真实情况。在每一个典型案例之后，还针对合作社的特点进行案例评析，以期达到抛砖引玉的作用。张千友的合作社研究成果入选“四川省现代农业技术培训基地”培训教材《农民专业合作社专题培训讲义》，作为培训学员内部交流使用；与此同时，课题组成员在“四川省基层农机人员知识更新：农民专业合作社专题培训班”第1~2期，宣讲课题组研究成果，累计培训800余人次；“凉山州基层农机人员知识更新培训班”第1~4期，累计1 600余人次。培训学员对研究成果给予高度评价。

三、聚焦马铃薯流通环节，开展马铃薯流通体系调查

针对凉山州马铃薯产业发展面临的生产主体零星分散、组织化程度不高，专业市场缺乏、品牌知名度不高，贮藏设施缺乏等问题，深入马铃薯种植户和主产区县调查研究，总结提出：专用交易市场缺乏、储藏设施简陋损坏率高、加工企业亟待升级，马铃薯专业合作社少、市场销售以鲜薯为主、日常消费以鲜食为主、流通环节多费用高等问题，2017年1月16日，撰写的《凉山州马铃薯流通体系现状及优化建议》得到凉山州州委书记批示，并被凉山州政府采纳。

四、聚焦马铃薯精深加工环节，调研马铃薯加工企业

张千友在调查马铃薯种植农户、马铃薯专业合作社的基础上，还深入凉山州马铃薯龙头企业西昌市科兴薯业有限公司调查，结合前期研究成果，撰写“西昌市科兴薯业有限公司马铃薯全产业链开发项目可行性研究报告”，从该项目建设的背景和必要性、建设条件、市场分析和销售方案、建设方案、环保评估、项目组织与管理、投资估算与资金筹措、财务评价、社会效益等10个方面论证该项目面临的机遇与挑战。与此同时，张千友还长期跟踪马铃薯行业龙头企业，分析主粮化背景下马铃薯企业转型战略研究，分析马铃薯行业龙头企业商业模式创新的路径，为马铃薯企业转型升级献计献策。

五、聚焦马铃薯主粮化微观基础，调查马铃薯农户生产成本收益

农户是马铃薯主粮化战略实施的微观主体，也是马铃薯产业扶贫的直接受益

对象。在发展马铃薯产业的过程中，马铃薯种植户的成本收益情况直接影响到马铃薯种植户的生产积极性。张千友带领团队成员，围绕农户马铃薯种植规模、成本收益、商品化率、消费方式、组织化程度等维度设计问卷，深入到马铃薯主产区，根据四川省马铃薯优势区域布局情况，主要选择了盆周山区（天全县、宝兴县、苍溪县、平武县等）、平原丘陵区（三台县、中江县、古蔺县等）、川西南山区（美姑县、昭觉县、喜德县等）为调查区域，基于260户马铃薯种植户开展问卷调查。通过调查研究，在产业扶持力度、市场交易成本、适度规模经营、主食消费习惯等方面提出相关政策建议。

张千友组织开展马铃薯农户生产成本收益调查

六、聚焦山区农业现代化，编制贫困山区农业产业规划

张千友先后深入贫困山区调查研究，围绕贫困山区经济社会发展尤其是农业产业的发展，提出“五个农业”的发展思路，即以发展生态农业、特色农业、集约农业、科技农业、加工农业为主体的山地精致农业发展模式。先后执笔为广大贫困山区编制农业产业发展规划，包括:《甘孜州九龙县农业产业发展十二五规划》《凉山州盐源县沿江流域农业产业发展规划》《甘洛县坪坝乡现代农业发展规划（2016—2020）》，为广大贫困山区马铃薯产业以及现代农业的转型升级，建言献策。